「未常識」への挑戦

菱川博行
HISHIKAWA HIROYUKI

幻冬舎 MC

「未常識」への挑戦

はじめに

『Think and Grow Rich――思考は現実化する』

1937年に刊行されてから今日まで読み継がれてきたナポレオン・ヒルによる名著は、成功するビジネスや経営者の共通点は何なのかを体系的につづった一冊として知られています。

私も経営者として長年、成功するビジネスとは何なのかを考え続け、ナポレオン・ヒルの書籍を読み漁り、研究をしてきました。『思考は現実化する』は当時成功していた500人からなる米国中の経営者にインタビューを行っていますが、私なりにこれらから見いだした共通点は、彼らは皆、未来に起こることを予測していた、ということです。つまり、今はまだ常識ではないが、いずれ常識になっていくものを予見しているのです。

私は小さい頃から、常識よりも物事をほかの人たちと異なる視点で考えることを大事にしていました。自営業をしている両親から、商売を成功させるためには物事の裏側を見るのが大切だと教えられてきたことが影響しています。大学卒業後は、新卒で国内の証券会社に入社したのですが、日本のなかに収まらず、世界を見て広い視野を得たいと考えていました。そこで証券会社を退職し、米国のウォルト・ディズニー社で2年間、働くことにしたのです。米国カリフォルニア州にある本社では、私は消費者向けのマーケティングに従事しました。どうすれば米国ディズニーランドに日本人観光客がもっと訪れるようになるかというのが与えられたミッションでした。私は結婚したらハネムーンは米国のディズニーランドというトレンドをつくることで、日本人観光客を倍増させることに成功したのです。

その後帰国してからは会社を立ち上げ、当時米国で流行していた文房具を日本に輸入し大ヒットさせたり、当時はまだ珍しかったショッピングモールでの整体院を流行らせたり、さまざまな事業を成功させてきました。

その根底にあるのは、将来、常識となるものでありながら、現時点ではいまだ常識にはなっておらず、誰もその本質や価値に気づいていない状態のものを見つけることです。私はこの事業家として探し当てるべきビジネスチャンス、まだ常識とはなっていないものを「未常識」と呼んでいます。非常識は常識になり得ないものですが、未常識は将来的に常識になるもので、両者は異なる概念です。

そこで本書では、新たなビジネスを生み出すのに欠かせない未常識とはどのようなものかを明らかにしていきます。そのうえで私がこれまでに立ち上げたビジネスを例にして、未常識だったものをどのようにして常識へと変え、ビジネスにしていったのかを解説していきます。本書が新たなビジネスにチャレンジしようとする起業家たちのヒントとなれば、私にとって望外の喜びです。

目次

第1章

「未常識」こそ、起業家に必要な概念　誰も思いつかないことに価値がある

第2章

~異なる価値観からトレンドをつくる~

海外の常識は日本の未常識

米国から輸入した文具が日本で大ヒット

第3章

レッドオーシャンのなかにこそブルーオーシャンがある
ゴルフ練習場に出張整体院を即席開業
～異業種とのコラボで事業を大きくする～

第4章

サッカーのクラブチーム所有で地域を巻き込む生涯スポーツに

日本のスポーツにはビジネスチャンスが多く眠っている

~リアルで強固なプラットフォームづくり~

第5章

再生エネルギー事業
中国でのトイレ革命はＡＩによる個人の健康管理と
社会の動きを先読みして未来の常識を創造する

～未常識な発想がつくる未来～

第6章

未来を読み、時代を変える
ベンチャー企業に今、求められる「未常識」の発想

序章

常識に縛られる経営者たち
ユニコーンの生まれない国、ニッポン

なぜ日本ではユニコーン企業が生まれないのか

ユニコーン――。

ビジネスの世界では、その価値評価額が10億ドル以上で、かつ創業から10年以内の非上場ベンチャー企業であるという要件を満たす企業のみに、この幻獣の名が与えられます。

米国の調査会社CBインサイツのレポートによると、世界には現在、1214社(2023年4月)のユニコーン企業が存在するといいます。国別に集計すると、トップが米国の651社で、第2位が中国の172社、そのあとにインド71社、イギリス49社と続いていきます。分野としては、FinTechやEコマース関連のユニコーン企業の増加が顕著です。

では日本はどうかというと、ユニコーン企業の数はわずか6社にとどまっています。世界有数の経済大国でありながら、米中には遠く及ばぬ数字です。しかもそうした企業の一部は外国資本の力を借りて成長したという実態があります。例えば過去に、オンラインサービスの後払いサービスを提供していたペイディがユニコーン企業の仲間入りを果たした際には、新株発行による約130億円の増資に応じたのはすべて海外の機関投資家であったなど、日本の有望なベンチャーは大型の資金調達のパートナーを海外に求めることがよくあるのです。

私はこれまでに自分自身でいくつものビジネスの立ち上げを行い、軌道に乗ったビジネスを事業売却するということを繰り返してきました。なかには失敗した事例もたくさんあります。近年の言葉でいうといわゆる連続起業家ですが、私が実際に事業立ち上げと譲渡を繰り返していた頃はこのような言葉はなかったので、私自身は一度もそのように名乗ったことはありません。

最近では、全国でベンチャー起業家などに向けた講演会依頼などを受けることが増え、そこから相談を受けてコンサルティングをすることのほうが本業となってきました。そのため、毎日のようにさまざまな起業やビジネスモデルについての相談を受けるのですが、日本からは本当にユニコーン企業が現れないことを残念に思っています。

ベンチャー企業こそ、富を生み出すエンジン

これまで実際に見てきたケースを振り返ると、一番の理由はリスクを負って起業家を育

てようとする投資家が国内にほぼ存在しないということです。

スタートアップ企業に対する年間の投資額でいうと米国は約16兆円、中国は８兆円といわれますが、日本では４０００億円ほどと大きく劣っています。ベンチャー企業の主要な資金調達先の一つであるベンチャーキャピタルを例に取ると、ヨーロッパ諸国を中心に38カ国の先進国が加盟する国際機関、経済協力開発機構（ＯＥＣＤ）による国際比較では、日本のベンチャーキャピタル投資額の対ＧＤＰ比は０・０３％で、Ｇ７諸国のなかではイタリアに次いで低い数字となっています。また、２０２０年のベンチャーキャピタル投資件数の比較では、米国の１万２３００件に対して日本は１２００件、投資金額は米国が16・７兆円、日本は１５００億円と１％にも満たない数字です。これではペイディのような大型増資を引き受けるベンチャーキャピタルなど国内ではまず現れません。

なぜ日本がベンチャーへの投資に後ろ向きになったのかというと、国の制度が関係しています。

日本では１９７０年代に、未上場株に対する証券会社の強引な営業が問題になったことがありました。そこで旧大蔵省は未上場株に対する投資勧誘を原則禁止するという通達を出し、それが日本証券業協会の規則となりました。また、近年は「新しい資本主義」を旗印に、貯蓄から投資へのシフトを政府が加速させようとしてきましたが、日本の投資信託は時価評価に関する規制が厳しく、未上場株式には事実上、投資できません。結果として個人マネーの未上場株への流れが妨げられ、米中のような幅広く取引できる環境が失われたままです。こうしたルールが変わらない限り、日本の未上場株への投資は増えようがありません。

ベンチャーキャピタルの現状はというと、超低金利下にもかかわらず年金などの機関投資家からの投資はほとんど入っておらず、米国のベンチャーキャピタルの資金源の大半が年金や財団などで、豊富な資金をもつのとは対照的です。

その背景としては、日本では未上場株を時価評価する会計基準が普及しておらず、市場での取引価格もないため、実際に売却してみない限り投資リターンが分からないという不確実性があると考えられます。時価評価に当たっても、未上場株に精通した専門家が必要になり、ファンドが支払う会計監査のコストがかさみます。日本のベンチャーキャピタルの多くは数十億円規模であり、そうしたコストが経営上の大きな負担になるということからも、積極的な投資を行いづらくなっています。

ユニコーン企業を世界で最も多く輩出している米国は、未上場株の規制緩和を続けてきました。米証券取引委員会（ＳＥＣ）への財務諸表などの開示義務がない小口公募増資の上限を５００万ドルから５０００万ドルに引き上げ、証券会社は積極的に未上場株を扱い、オンライン取引市場も活性化しています。上場、未上場の垣根を超えて株に投資するクロスオーバーファンドも発展し、個人マネーの受け皿となっています。

日本でも、近年ようやく未上場株の取引を円滑化するための制度整備が始まっています。ベンチャー企業こそ将来の富を生み出すエンジンであり、国際競争力を左右する貴重な存在だと私は考えているので、こうした動きは、国にとって歓迎すべきものだと思います。

ベンチャーを育む環境が整い、ユニコーン企業が続々と誕生するようになるとどうなるかは、米国を見ればよく分かります。未来のＧＡＦＡＭが日本から生まれるよう、国として支援していくべきです。

常識に縛られ、起業リスクを取れない日本人

日本においてユニコーン企業が育ちづらい要因は、なにも環境の問題だけではありませ

ん。日本国民はそもそも起業に対して消極的です。

グローバル・アントレプレナーシップ・モニター（GEM）の調査によれば、「今後6カ月以内に、自分が住む地域に起業に有利なチャンスが訪れると思いますか」と尋ね、チャンスが訪れると答えた18〜64歳の成人人口の割合（事業機会認識指数）において、日本は10・6でした。米国が67・2、中国は74・9といった数字が並ぶなか、平均値を大きく下回り、調査対象の50カ国で最下位という結果です。科学技術・学術政策研究所（NISTEP）の資料によれば、2019年時点の先進各国の開業率はイギリスが13・5％、フランス10・9％、米国9・1％、ドイツ8％に対し、日本は4・2％でイギリスの3分の1、米国の半分以下と圧倒的に低いことが分かります。

なぜ起業を志す人が少ないかというと、その背景には日本人がリスクを嫌い、安定した雇用を求める傾向が強いことがあると考えられます。

日本では今も、偏差値の高い大学から大企業へ就職すればより良い未来が広がるという価値観が大勢を占めています。

2013年に経済産業省が行った調査によれば、「我が国の開業率が低い理由として考えられるもの」という質問に対し、若い世代の回答で32・9％と最も多かったのが「大企業への就職等、安定的な雇用を求める意識が高いため」でした。さらに若者の31%が「起業した場合に、生活が不安定になることに不安を感じるため」とも回答しています。人生の残り時間も勢いもある若き時代にすらこうしてリスクを取れないなら、起業とは一生縁遠く生きていくことになるはずです。

また、日本社会は失敗に対し不寛容であるという実態も、人々を足踏みさせる原因となっています。たった一度の失敗でもSNSでさんざん叩かれ、まるで法を犯したかのように責められる有名人たちを見れば、そうはなりたくないと尻込みするのも当然です。起業に失敗したあとのセーフティーネットも整備されてはおらず、再就職やリスタートが難しいのが現状です。そうして起業が「自らの未来のすべてを賭さねばできない」ような社会になっているのですから、ユニコーン企業がどんどん出てくるはずはありません。

米国を見れば、元大統領のドナルド・トランプ氏は、実に4度の破産をしているにもかかわらず復活し、大統領にまで上り詰めました。日本で同じことをした経営者がいたなら、総理大臣になるどころか誰からも相手にされなくなっているはずです。米国だけではなく、先進国の多くは失敗に対し比較的寛容であると感じます。

例えば私はこれまで、日本でいくつかの会社の新規株式公開（ＩＰＯ）に携わってきましたが、その資金調達の際によく投資家から聞かれるのが、「過去にはどんな失敗をしてきたか」です。実は米国でもこの質問を受けることはありますが、日本とはまったくニュアンスが違います。日本の場合、失敗経験は「また同じミスをするのではないか……」とネガティブに作用しますが、米国では失敗によって学んだことが次に生きるとポジティブに受け止められるケースが多いです。失敗がない人は、むしろ経験が浅いと見る向きすらあります。ですから米国の起業家は、過去の失敗を堂々と語ります。

こうした社会の風潮もまた、世界に挑む起業家が出てくるのを阻害するものであり、才能ある人材を埋もれさせる元凶の一つです。

そのほかに、起業家を育成するための教育制度が整っていないというのもマイナス要因となっています。米国ではほとんどの州の小学校で起業家に必要な精神や能力を育む「アントレプレナーシップ教育」が導入されていますが、日本における事例はごく少数にとどまっている印象です。社会人に対しての教育も同様で、経済産業省が起業に関心がある人に「日本の起業家教育は十分に行われているか」を聞いたところ、60％以上が「不十分」または「やや不十分」と答えたといいます。

こうして起業家の輩出を制度や社会的風潮が妨げているうちは、いつまで経っても日本では、ユニコーンは幻の獣のままになりかねません。

資金調達に頼らずにスモールスタートすればいい

そんな日本で、いざ起業を志したらどのような道を歩むことになるかというと、仕事の内容や業種などにもよりますが、大きくは個人事業主として起業するか、あるいは法人として起業するかに分かれます。

コンサルタント、ネットショップのオーナーなど、基本的に自分だけで仕事をするなら個人事業主としての起業となります。開業届のみで仕事がスタートでき、法人設立にかかるようなコストも不要です。誰もが手軽に着手できる一方で、社会的信用は得にくく資金調達や人材採用で壁に当たりがちです。

組織をつくり、事業をより大きく伸ばすつもりなら最初から法人として起業すべきです。株式会社をつくるのが一般的で、法人格があったほうが社会的信用は得やすいですが、それはあくまで個人事業主と比べた場合であり、実際にはやはり信用を得るのに苦労する人が多いものです。ただ、法人格の取得はベンチャーキャピタルなどから出資を受けたり、株式の上場を目指したりするには必須となるものです。ユニコーンを目指すなら、当然法人としての起業が求められます。

なお、起業に当たり最初からそれなりの規模感で事業を展開するなら、相応の資金が必要になります。自己資本の範囲内で起業できれば問題はないのですが、もし足りなければ借入先を探す必要があります。

新たに事業を始める場合、借入先の第一の選択肢となるのが、日本政策金融金庫の新創業融資制度です。無担保・無保証人で利用でき、融資限度額は３０００万円となっています。ただし、借入の際には一定の自己資金が必要となります。

そのほかの公的機関としては自治体や信用保証協会による制度融資もあり、幅広く検討するといいと思います。

そしてもう一つ、資金の調達先として挙がってくるはずの存在がベンチャーキャピタルです。ただし日本のベンチャーキャピタルの多くは起業したばかりの会社への投資に積極的ではなく、ある程度売上が立ち始めて実績ができてきた成長期に入って初めて資金を投じるという傾向があります。したがって現実的には、自己資金と融資制度を併用して準備を進めることになりますから、どうしてもスモールスタートになりがちです。

資金が枯渇しての倒産は、企業が世の中から失われる大きな理由の一つです。中小企業庁がまとめた『小規模企業白書』によると、起業後の「企業生存率」はスタートから3年で88・1%、5年で81・7%であるといい、5社に1社が5年ももたずに消えていきます。

資金については、初めはできる限りコストを抑えて起業するのが最善です。見栄を張って家賃の高い事務所をもったり、完璧を目指しすぎていきなり多くの人を雇ったりすると、そのぶんリスクが高まります。事業展開においても、最初から開発期間を費やして完成された製品やサービスを届けるのももちろん悪くはないのですが、資金繰りを考えるならまずは最低限のサービスをつくってそこからユーザーの反応を見ながら順次改善を繰り返していくというリーンスタートアップも、選択肢の一つになり得ます。

ユニコーンを目指すなら、潜在ニーズをとらえよ

資金という課題に対し解決のめどが立ったとしても、当然ながらそれでユニコーン企業になれるわけではありません。むしろそこからが本当の勝負の始まりといえ、いかに事業

をより大きく伸ばすか、経営者としての手腕が問われます。

そうした際、日本の起業家の足かせとなっていると私が感じるのが、「常識」です。世の中を大きく変えるようなアイデアの原石があったとしても、それを既存の常識にのっとって展開しようとすれば、ついえる可能性が高くなります。常識の枠に押し込めてしまった時点でそのアイデアの光は失われ、平凡なものになってしまいます。

幻獣ユニコーンの原動力となるのは、これまで誰も見たことのないようなアイデアや発想です。その背に乗って飛び立とうする経営者は、常識に縛られてはなりません。

日本では、時に経営者の呪縛となるいくつものビジネスの常識が存在します。

その最たるものといえるのが、「お客さまは神様」という風潮です。「製品やサービスは、使ってくれる人々がいてこそ成り立つものだから、お客さまには尽くして当たり前」という美徳が昔から存在してきました。

確かに顧客満足は重要であり、ユーザーの要望に応えるべく製品やサービスを磨き続けていく努力が求められます。しかしそれにとらわれすぎると、ビジネスの軸がブレかねません。現代においては、ユーザーのニーズは多様化しています。そのすべてに応えるのは無理があり、要望を叶えていくほど製品やサービスから個性が消えていくものです。ベンチャー企業の経営において最も大切なのは、多様化したニーズの収集ではなく、いまだ明らかになっていない潜在ニーズを掘り起こすことです。そのためには、ユーザーに尽くすというよりマーケットの裏にある思いや傾向を読み取り、より本質的なニーズを探るのが重要になってきます。

そうして潜在ニーズを狙うなら、勝負する市場も違ってくるはずです。

日本では、少子化などの影響からいくつもの市場が縮小し、斜陽産業が増えつつあると感じます。多くの経営者はそうした市場を避け、成長著しい市場を狙おうとすると思います。しかしその発想もまた、経営者が縛られがちな誤った常識の一つです。

成長著しい市場には、当然ながら多くの企業が参入してきます。そうして乱戦状態になれば、基本的には資本力に勝る大企業か、または核となる特許を押さえた先行者が勝利することになり、激しい競争を勝ち抜くのは極めて難しいことがほとんどです。

逆に、斜陽化した産業なら新規参入するライバルの数はぐっと減ります。

ただ、そうはいっても縮小する市場でどう利益を上げていけばいいか、新参者のベンチャー企業が少ないパイを押さえられるか、不安に感じるのも無理はありません。

しかし実は、むしろ時代の波にあらがえず消えつつあるような産業にこそ、ベンチャー企業が飛躍するチャンスが眠っています。なぜならＩＴによる技術革新がいまだ十分に行われていない可能性があるからです。

例えばタクシーアプリ「ＧＯ」を開発、提供するＧＯ株式会社は、日本でも数少ないユニコーン企業の一つですが、タクシー業界は市場としては縮小を続けてきた産業です。ドライバーの数を取っても、約38万人とピークであった２００４年から減少を続け、２０２1年には約26万人まで減り、運転手の高齢化も進んできました。そんな市場にＩＴやＡＩといった最新技術で新たな光を当て、潜在ニーズを掘り出した企業がユニコーンへと成長しているという事実は、非常に大きな意味をもっています。これからの日本では、そうして縮みゆく市場がさらに増えていくでしょうが、だからといって国内にチャンスがないわけではないのです。

そして今後、ベンチャー企業が国内市場で戦っていくなら、新たな技術により潜在ニーズを掘り起こしていくというのが基本戦略になると考えられます。

少子化により人口が減るとはいえ、社会では時代ごとにさまざまな課題が生まれるものです。例えば近年のＤＸの潮流は、人口が減っていく社会なら必ず必要になる生産性の向上を目指して行われているものです。

そうして世の中は、どんどん更新されていきます。その変化に対しては、大企業よりもフットワークの軽いベンチャー企業だからこそすばやく対応できるのです。時代の波をつかみ、急成長するベンチャー企業が出てくれば、それが大企業に対するプレッシャーとなり、新たな進化のきっかけともなります。結果として日本全体が活気を取り戻していく好循環に入ることができるはずです。

ビジネスの成否の8割は、市場の選択で決まるともいわれます。

成長市場を狙うよりも、自分たちの強みが発揮できる市場で潜在ニーズを掘り起こすほうが、ユニコーンとして羽ばたける可能性が高いと私は考えています。

第1章

「未常識」こそ、起業家に必要な概念
誰も思いつかないことに価値がある

〝未常識〟をつかみ、未来を変える

社会がすでに成熟し、衣食住がほぼ行き渡っている日本では、消費者のニーズは多様化しています。今後、類を見ないペースで人口が減っていくこともあり、大量生産大量消費を前提としたビジネスモデルはすでに過去のものとなっています。

にもかかわらず日本の中小の製造業者を見ると、いまだに「いいものを作り続ければ成長できる」という幻想にとらわれている会社がよくあると感じます。確かに高度経済成長期なら質のいいものを作れば高価でも大量に売れました。しかし海外からの輸入品の広まりなどで低価格化が進んだ現代においては、消費者は安くていいものを手に入れるのが当たり前という価値観となり、ただひたすら質の高いものを作っても、もはや以前のように売れることはありません。

これは製造業だけではなく、あらゆる領域でいえることです。多くの人々にとっての「いいもの」、すなわち幅広い層を狙い均一化された商品やサービスでは、たとえそれがどんなに質の高いものであっても、著しい事業の成長はなかなか望めません。

そうした事業環境においてベンチャー企業が勝っていくには、自社ならではの独自性や付加価値の高い商品やサービスを生み出すしかないと私は考えています。

とはいえ当然、簡単にはいきません。

資金に余裕のある大企業なら、一から開発した新たな商品やサービスを自社で世に広めていくようなことも可能でしょうが、それはベンチャーにはあまりに険しい道です。かといってすでに世間にある人気商品やサービスに後追いで手を出しても、やはり大企業には勝てず、埋もれてしまいます。

ではどうすればいいかというと、結局のところベンチャーの勝ち筋は、「いまだ存在していないけれど、それが世に出れば流行する」という商品やサービスを開発することに尽きます。将来は世の常識となるものでありながら、現時点ではいまだ常識にはなっておらず、誰もその本質や価値に気づいていない状態のものを見つけるのです。

そんな起業家が探し当てるべきチャンスを、私は「未常識」と名付けました。

そして未常識をつかむことこそ、ベンチャー企業がユニコーンに成長するうえで欠かせないことであると断言できます。

実際に未常識をつかみ、世界を変えた企業の例は、枚挙にいとまがありません。

携帯電話の概念をひっくり返したアップル社とスティーブ・ジョブズはその典型です。

Ａｐｐｌｅでは〝Think different〟という価値観のもと、世の中の「当たり前」を疑って、ゼロベースで考え、ひたすらベストなものを追求することが徹底されてきました。こうして常識を疑う視線の先に、未常識が眠っているのは間違いありません。なぜだろう、どうしてなのだろうという疑問の積み重ねによってしか、未常識は見えてはこないのです。

消費者の心理が、市場をつくる

経営者が未常識を探すうえで発想の起点とすべきことがあります。

それは、市場は企業の技術力や組織力より消費者の心理によって形づくられるという現実です。商品のクオリティや利便性といったものとは別のところで市場は生まれ、成長するものなのです。

例えば現代社会で欠かせない存在となったＳＮＳについては、あるサービスが成長する際、若者層が一つのキーとなってきました。

インスタグラムを例に取るなら、大人たちがせっせと写真を投稿してばかりいるとき、若者たちはすでに検索サイトと同じように情報収集のツールとして使いこなし、今ではそれが常識となっています。また、世界に数社しかない、評価額1000億ドル以上のヘクトコーン企業（評価額がユニコーン企業の100倍の企業のこと）であるＢｙｔｅＤａｎｃｅ社は、「ＴｉｋＴｏｋ」の運営元ですが、このサービスもやはり若者たちの間で流行したのをきっかけに爆発的に広まりました。

これらはＳＮＳ自体の機能性や利便性によって成長したというより、まず若者層によって市場が形づくられ、世間や企業がそれに追随したことで生まれた流行です。

この事例からもいえるのは、消費者の心理こそ現代において市場を生み出す原動力となるものであるという原理原則です。たとえどれほどいい商品やサービスであったとしても、それが消費者の心理の動きとシンクロしなければ、のちに常識となるほどの発展は見込めません。すなわち消費者の心理をいかに読むかが、商品やサービスをリリースするうえで最も重要です。

例えば電気自動車メーカーのテスラ社は、今や時価総額においてトヨタ自動車を凌ぐほどに成長しましたが、すべての注文をインターネットで受け付け、販売店をもたないというそのスタイルは最初から受け入れられたわけではなく、むしろいつ倒産しても不思議ではないといわれていました。しかしコロナ禍によって消費者の心理の風向きが変わったことで一気に市場を築くことができ、それが成長の原動力となりました。コロナ禍は誰も予想できなかったにせよ、「近い将来、電気自動車をインターネットで買う世界がやって来る」という未常識に、テスラ社を経営するイーロン・マスクがすでにたどり着いていたのは間違いなく、消費者の心理が実際にそう動いたタイミングを逃さなかったというのが、成功の大きな理由です。

そうして消費者の心理を先読みしてそこに同調するように戦略を組み立てるのは当然、簡単ではありませんが、そのための鍵といえるのが、先行者になることです。

一つ例を挙げましょう。

数ある清涼飲料水のなかで、日本で最も売れている商品といえば、お茶です。

ただ、かつての日本ではお茶を買って飲むという習慣がありませんでした。商品化されたばかりの頃は、「お茶は自分で淹れて飲むもの」という認識が一般的でした。また、「宵越しの茶は飲むな」という言い伝えもあるように、淹れてから時間が経ったお茶は渋みの成分であるタンニンが酸化し、味が大きく損なわれます。そのため販売機などに置かれているお茶がおいしいはずがないと考える人も多くいました。

その常識に真っ向から挑戦したのが、伊藤園でした。茶葉にこだわり、酸化を防ぐための窒素充填をはじめとした技術も開発し、商品の味は瞬く間によくなっていきました。

さらには、伊藤園の社員が自らの出張の際「お茶を弁当と一緒に販売してみたらどうか」とひらめき、弁当屋などへの営業を始めたところ、次第に缶入りの煎茶と弁当をセットで買うという文化が根付いていったといいます。

そして看板商品であった「お～いお茶」がどんどん売れるようになり、最終的には緑茶飲料としての販売実績ナンバーワンに輝きギネス世界記録に認定されました。

しかし経済学的な観点からいうと、実はほかのブランドのお茶のほうがよく売れるはずで、例えば日本中に膨大な数の販売機をもつ日本コカ・コーラの緑茶飲料のほうが販売機会は圧倒的に多く、1位を取ってしかるべきです。しかし実際にはそうなっていません。「お～いお茶」が、いったいなぜシェアを獲得できているのか、それを解き明かす鍵は消費者の心理、すなわち安心感にあると私は考えています。

未常識をつかみ、お茶を最初に世に広めた先行者としてのブランドがもたらす安心感こそ、多くの人が棚から半ば無意識に「お～いお茶」を手に取る理由といえます。

人は1位や1番といった物事についてはしっかり覚えている反面、それより下の存在についてはあまり記憶にないものです。例えば、日本一高い山は誰もが富士山と答えるでしょうが、日本で2番目に高い山は、と聞かれてすぐに答えを返せる人は少ないと思います。実はこれは日本だけではなく、世界でも同様です。

事業においても、先行者となることを狙い、最初に市場を開拓できればそれで人々の記憶に残ります。そして実際にシェアを獲得していくほど、「あのブランドのものなら安心して買える」という信用がついてきてさらに売上が伸びる、正のスパイラルに入ります。したがって、自分の武器を活かせてかつ先行者になれる市場を見つけるというのが、未常識をつかむための最大のポイントといえます。

父が気づかせてくれた、常識を疑う大切さ

かくいう私も、ベンチャー企業の経営者の一人としてさまざまな試行錯誤を続けながらここまで歩んできました。その歩みは、世の中の常識を打ち破ろうとする試みとともにあったと感じます。小さな頃から、常識や当たり前に対して違和感をもつことがよくあり、それに対する自分なりの答えを求めながら生きてきた結果、気づけば経営者となって

いました。そうして自分のなかの違和感を解消することこそ、今思えば未常識という新たな概念につながる道でした。

では、そもそもなぜ私は世の常識や当たり前を疑うようになったのかというと、その背景は父と母という存在抜きには語れません。

私の実家は自営業で、クリーニング店を営んでいました。父は仕事人間で、朝から晩まで働き詰めでしたから、一緒に過ごした記憶はほとんどありません。

私が子どもの頃は土曜日にも学校があり休みは日曜日だけだったのですが、私はいつも月曜日が憂鬱でした。なぜなら、小学校ではみんなが両親と何をして遊んだ、どこに旅行に出掛けた、という話をするのに、私には話題が何もなかったからです。

1934年生まれの戦争体験者であった父は、貧しい時代を知っているからこそ、家族をより豊かにすべくがむしゃらでした。私もそんな父の姿勢を尊敬していましたから、寂しかったけれど我慢していました。

そんな父との唯一のコミュニケーションの場であったのが、お風呂でした。

父もそうして私を気にかけてくれたからか、毎日欠かさず一緒に入ってくれました。

そのときに、父がぽつりぽつりと話してくれたのが戦争についてです。

戦渦を生き抜いた父の話は、リアルな重みをもって私の心に迫るものでした。

戦争はよくない、二度と起こしてはいけない、というのは父の強い思いでしたが、それとは別に父なりの戦争観がありました。そのなかでも繰り返し述べていたのが「日本が世界に挑んだことが、アジアの国々が欧米から解放されるきっかけをつくった。戦争がなければ、いまだにアジアには植民地が残っていただろう」という話でした。

小さかった私は、その裏にある理屈までは理解できませんでしたが、素直に父の言葉を信じていました。

ある日、小学校の社会の授業で、戦争についての解説を受けた際のことでした。教科書には、戦犯、侵略、といった文字ばかりが躍り、父の言うようなアジアの救済者としての日本は一行も存在していませんでした。

なぜ、父の話と学校の先生の話は違うのだろう。同じ戦争のことなのに、どうして正反対なんだろう……。私の心には、この疑問がずっとひっかかり、納得できませんでした。

今考えれば、教科書に載っている内容のほうが世の中の常識であり、父の話は一つの意見だったのですが、自らの戦争体験から導かれている父の言葉が間違っているとは、当時の私にはどうしても思えず、必然的に教科書のほうが間違っているのではないかという発想となっていきました。

これこそが、常識を疑う、という最初の体験であり、のちに未常識という概念に至る入り口となるものでした。

ちなみにこの話には、後日談があります。

私がいつ、自分なりの真実にたどり着いたかというと、大学生の頃でした。

教科書が正しかったか、父が正しかったか……ずっと抱え続けてきた疑問を、思い切って大学の教授にぶつけたところ、思わぬ答えが返ってきました。

「知覧に行ってみなさい、きっと見えるものがあるから」

鹿児島県知覧町（現南九州市）に建つ知覧特攻平和会館に、戦争の真実の一端がある。

教授のそんな示唆を受け、私はさっそく、鹿児島へと飛びました。

知覧特攻平和会館は、特攻隊の出撃基地であった知覧飛行場の一角に1987年に建てられた博物館です。第二次世界大戦末期の沖縄戦では、爆弾を大量に積んだ飛行機で敵の戦艦に体当たり攻撃をする「特攻」が行われました。飛行機とともにパイロットの命をも散らすこの作戦に従事したのが、陸軍特別攻撃隊すなわち特攻隊であり、知覧特攻平和会館では特攻隊員の遺書や戦闘機などの展示を通して、戦争の悲惨さや命の尊さ、平和の大切さを次の世代に伝えています。

知覧からの特攻で命を落とした隊員たちの数は430人以上にも及び、その平均年齢は21・6歳で、なかには17歳でこの世を去った人もいます。

知覧特攻平和会館に展示されている遺書には、若者たちがどういう思いで帰りの便のない飛行機に乗ったのかが記されています。自分の若き命を投げ出してまで、彼らが救いたかったもの、それは日本の未来です。

出撃命令が出された日の夜には、各所からすすり泣きが聞こえたといいます。死ぬことは当然、みんな怖かったのです。わずか20歳前後の若者たちはそれでも、愛する人を守りたい、国を守りたいというその一心で、恐怖と戦い、その身を飛行機のコックピットに沈めました。彼らの心を思うと、私はいまだに目頭が熱くなります。

命を懸けて私たちに未来をつないでくれた人々がいた。その上に自分が生きている。だからこそ、自らも日本という国をより良くするには何ができるか、後世に何を残せるかを考えねばならない――そこで私の人生の方向性が固まったように思います。

国を豊かにするベンチャー企業をつくるという目標や、またそうした企業のサポートをするコンサルティング事業なども、結局は日本をより良く変えたいという思いに帰着するものであり、そのための手段として未常識の追求があるのです。

未常識を体現していた、母

こうして父が未常識の土台をつくってくれたのですが、実際に未常識とはどのようなものかを示してくれたのが、母でした。

母はもともと、大手レコードメーカーのプロモーションを担当していたというキャリアの持ち主で、私が大学に入り子育てが一段落したタイミングでそれまでこつこつと貯めていたお金で商売を始めました。

母には商才があり、いくつかのビジネスを手掛けてそれなりにうまくいっていたようですが、最も成功したものが喫茶店の経営です。

とはいっても一般的な喫茶店とは違います。

母が始めたのは、カラオケ喫茶でした。

今でこそ目新しい響きのない業態ですが、当時はカラオケが出始めた時期であり、それを喫茶店に持ってくるという発想など誰にもありませんでした。私の知るところ、おそらく日本で初めてのカラオケ喫茶の経営者は母だったのではないかと思います。

ではなぜカラオケと喫茶を組み合わせたのかというと、たまたま売りに出ていた喫茶店を買うことに決め、それをどう流行らせようかと考えた際に出てきたアイデアだったようです。

元レコードメーカー勤務ということで、母はすでにカラオケの魅力についてよく理解し、その後の流行も予測していました。つまりは未常識をとらえていたわけです。

喫茶店を改装して店の奥に小さなステージを設け、スポットライトのもとで歌えるよう環境を整えたうえで、店をオープンさせました。

カラオケ自体が珍しかったこともあり、店は最初から客でにぎわいました。

そしてその後、母の予見した通りカラオケが全国的に人気になっていくなかで、さらに繁盛していくのですが、私にはどうしてもそれが長く続くとは思えませんでした。

ある日、私はカラオケ人気が終わったとき、店をどうするつもりなのかと母親に尋ねました。

すると母はにこりと笑って、言いました。

「まあ、一度店に来てごらん」

後日母の店を訪れると、そこは地域の人々でごった返していました。

ステージではお年寄りが気持ちよく美空ひばりの「川の流れのように」を歌い上げ、周囲の人々は時折拍手や合いの手を入れつつも、次に自分が歌う曲を探しています。そこにはすでに、文化の芽のようなものが生まれていると私は感じました。

私のそんな気持ちを察したかのように、母は言いました。

「この空間には、人間の承認欲求を満たすものがあるのよ。だからこそ私は流行ると確信していたし、今後もブームでは終わらないと考えているの」

今思えば、母が見ていたのはすでにある市場ではなく、人間の心理でした。移り変わる市場ニーズを追うのではなく、本能に根差したより本質的なニーズを満たすものを探し求めていました。

例えば人々の承認欲求は、どんな時代になってもなくなることはありません。そしてそれを満たせる事業をつくり出せば、一過性の人気で終わらず次世代の常識となっていくのです。母が現実化してみせたカラオケ喫茶は、まさに未常識の発想から生まれたものでした。

ただし、アイデアだけでは商売はうまくいきません。

母はカラオケ喫茶の運営についても持ち前の商才を発揮しました。

まず、過去の人脈を通じ店主として雇ったのが、プロではあるもののヒット作に恵まれぬ演歌歌手でした。客のほとんどは歌うために来ていますから、プロのアドバイスを受けられるのは大きなインセンティブです。週に何度かは歌謡教室を開き、それにファンも付きました。のちにカラオケ喫茶の競合が出てきた際にも、これが差別化要因の一つとなり、母の店の経営は安定していました。

その付加価値の分、コーヒーが普通の喫茶店の1・5倍の値段でも、味にそこまでこだわらずともお客が途絶えることはなく、一般的な喫茶店に比べはるかに利益率の高い店となりました。

また母は固定客を増やすのにも余念がありませんでした。近所の喫茶店が新たにカラオケを導入した際などは、自らがお客となって通い、人間関係をつくっていました。すると、その店が休みのときには、そこの常連たちが大挙して母の店を訪れるようになりました。

このような母のやり方から、私は成功のために必要なことを学びました。

流行は追うのではなく、つくり出す側に回るのが大切であり、そのためには人間の本質的な心理をとらえねばならない――。

これこそがまさに、未常識という概念の種となった気づきでした。

証券会社で抱いた、マニュアル仕事への違和感

このようにして、父と母により私のなかには未常識の種がもたらされたわけですが、それが芽吹くまでの過程でサラリーマン生活を経験し、常識の枠のなかにとらわれて過ごしていたことがありました。そこでの経験もまた、未常識の成り立ちを語るうえでは外せないものでした。

私が大学を卒業した頃、世間はバブル経済の真っ盛りです。

就職先として私が選んだのは証券会社でした。のちのち、自分で事業をやりたいという気持ちがすでにあり、そのためにはまずお金について学ぶのがいいだろうと考えてのことでした。

なお就職に当たっては大学の教授の紹介を受け、営業職として入社したのですが、それを面白く思わない人が周囲にいて「お前はコネ入社だし、適当に仕事をしてすぐ辞めるつ

もりだろう」と言われたりもしました。

そんな声があったことで、むしろ私の心には火が付きました。周囲の雑音を消すには、実績を上げる必要がある。この会社のセールス記録を塗り替えてみせる。そう誓い、勇んで仕事に取り掛かりました。とはいえ最初から自分のやりたいように仕事をさせてもらえるはずもありません。新入社員がまず行わねばならなかったのが、電話営業でした。

それぞれが電話帳を抱え、ア行、カ行、サ行などと担当が振り分けられたうえで、片っ端から電話をかけていくという人海戦術です。営業マニュアルも存在し、基本的にはその通りに話すことを求められました。

まずはその仕事で成果を上げるべく、私はどのように話せば相手の注意を引けるか、声のトーンや話のペースを自分なりに工夫し、改善しながら進めていきましたが、一方で「なぜこんなに効率の悪いやり方をせねばならないんだろう」とずっと疑問をもっていました。相手がどんな人かまったく分からないのに、やみくもに電話をかけ続けるなど、非効率の極みとしか思えませんでした。

だからといって反発しても、ただ先輩たちから怒られるだけなのは分かっていました。

今思えば、新人に電話営業を担当させるのは、現場に出る前の訓練などの理由があったはずですが、当時はそんな説明もなく、「新人は言われたことを黙ってやっていればいい」という風潮でした。

その一方で、私は営業の世界における不文律も肌で感じていました。それは、「実績こそすべて、いちばん売った人間がいちばん偉い」というものです。

したがって、いくら新人であっても実績さえつくれば何も言われなくなるということも分かっていました。

ですから入社して2カ月ほどは、ほかの新入社員と同じように電話営業を続けていましたが、その裏でどうすればより実績を上げられるのかを考え続けていました。

やみくもな電話営業が最も非効率な点は相手がどんな人物かまったく分からないところにあります。仮に運よく金融商品に興味のある人に当たったとして、ようやく契約にこぎつけても、その金額が月に5000円、1万円という小口では、なかなか売上につながりません。一人のお客さまを契約までもっていく労力は、誰であってもさほど変わらないため、できれば大口の契約を結んでくれる可能性のある相手、すなわち富裕層に対して集中的にアプローチしたほうが営業効率は上がるはずです。

では、富裕層の情報をどのように手に入れればいいかということで、私が目を付けたのが高額納税者名簿でした。

「勝手に新聞配達」でつかんだチャンス

現在では考えられませんが、日本では2005年まで、所得税額が1000万円を超える高額納税者の氏名、住所、税額を税務署が公示し、それがまとめられた名簿が販売されていたのです。

当時、私の配属先は東京の茅場町でしたから、まずはそのエリアでの高額納税者を調べたところ一定数存在していると分かりました。

ただし、だからといって契約が取れるかといえば、当然ながらそう簡単にはいきません。

富裕層の人々には、多くの営業マンがアプローチしたいと望みますから、いわば営業を受け慣れています。名も知らぬ営業マンからいきなり電話がかかってきて、金融商品に投資してみないか、ぜひ一度会ってほしいと言われても、まず相手にしません。つまり、どの営業マンもやっているような当たり前のことをしていても意味はなく、突破口を見つけるには、それまでどんな営業マンもやってこなかったであろう斬新なアプローチが必要となると私は考えました。

ただ、そうして一般的なやり方を覆すという発想自体は、私にとってなじみ深いものでした。思えば小学校の頃から、周りと同じことを無批判にこなすのが嫌で反抗ばかりしていましたし、世の常識や一般論も一度は疑ってかかり、納得できるまで受け入れませんでした。

熟考の末、私が行ったのは、〝新聞配達〟でした。

経済新聞を10〜20部ほど購入し、それを朝の5時くらいから営業開始までの間に、高額納税者の家々に名刺とともに配っていったのです。茅場町を中心に自転車で走り回っていると、納税者名簿に載ってはいないけれど豊かそうな家もいくつか見つけました。特に注目したのは、宅配ボックスの上などに置かれた空の牛乳瓶です。牛乳を毎日取っている時点で生活には困っていないと考えられ、またスーパーなどに出向くのを手間と感じる高齢の人々が暮らしている可能性が高いだろうとあたりを付けました。

新聞配達を始めて数週間は、まったく反応がありませんでした。相手からすれば、購読した覚えもない新聞が毎朝ポストに入っているのですから、いぶかしんで当然です。

しかしそれでも、根気強く届け続けていれば、いつかは気になって連絡がくるという読みが私にはありました。

そして実際に1カ月を過ぎたあたりから、実際に私宛ての電話がちょこちょことかかってくるようになりました。

もちろん、だからといって即契約というわけではありません。問い合わせのほとんどは「いったいなぜうちに新聞を入れるのか」という話でしたが、それでも相手からコンタクトがあったというのは大きな前進であり、普段は営業マンに対し固く閉ざしている門が少しだけ開いたということにほかなりません。

新聞を配った理由については、「金融知識を少しでも広めたいと思った」と言ったり、「自分のことを知ってほしかった」と素直に答えたりと、さまざまに返していた記憶がありますが、それでも「君に興味が湧いたから、一度会ってもいい」と言ってくれる人がけっこういたので、新聞配達作戦は成功だったといえます。

こうしてうまくきっかけをつくっていったのですが、そこから先は、自分にはまったく武器がありません。富裕層をうならせるような金融の知識も、株の運用技術もなく、有益な情報ももっていませんでした。社会人1年目の若者が、百戦錬磨の富裕層の人々と対等に渡り合おうとするなど、土台無理な話です。それが分かっていましたから、私は自分ができることに集中しました。すなわち、犬の散歩や買い物といった雑用を進んで引き受けたり、暇な時間の話し相手となったりして、心の距離を近づけていったのです。

人生を変えた、たった一つの疑問

こうして人とは異なる経路から顧客開拓を行った私の成績は、結果としてぐんぐん上がっていきました。

当初の想定通り、富裕層の人々は契約も大口であるケースが多く、動かす金額が1000万円以上になることも何度かありました。契約本数だけを見れば私よりも多い先輩社員は何人もいましたが、大口契約によってその差を埋め、預かり資産がどんどん増えていきました。

そしてまた、富裕層の人々からかわいがられ、2年目くらいからは新たなお客さまを紹介してもらえるようになったため、新聞を配らずとも仕事が取れるようになりました。

その段階で私はトップセールスになることができ、それから半年も経たずに会社のセールス記録を塗り替えました。

こうした経験から私が学んだのは、仕事の生産性を高めたり、付加価値を付けたりするためには、独自性が最も重要であるということでした。

当たり前のことを当たり前にこなしても、当たり前の結果しか出ません。

誰にとっても1日は24時間であり、その限られた時間のなかで人よりも圧倒的な成果を上げるには、それまでの常識の枠に収まらない発想が必要になるのだと理解しました。未常識という観点からいうと、新聞配達というのはのちの営業の常識にはなり得ない奇策ではありましたが、少なくともその時点での独自性においては未常識の条件を満たすものでした。

また、結果がすべてという営業の世界でキャリアをスタートできたのも、プラスだったと思います。ベンチャー企業は特にそうですが、歴史も知名度もない分、まずは結果を出し続けて信頼を勝ち得るしか、収入を上げる手立てがないのです。チャレンジは大いにすべきですが、結果に対して常にシビアに向き合っていくのが大切です。

ただ、大きな組織においては、自分だけのやり方で結果を出すと、それが時にネガティブな反応を生むケースもあります。

私は結果を出したことで、組織内でも自由に動けるポジションを確立し、「コネ入社ですぐに辞めるつもり」と言った先輩にも一矢報いたわけですが、そうした声が消えた代わりに、今度は妬みから来る嫌がらせが始まり、根も葉もない噂を流されたり、陰口を叩かれたりするようになりました。私にはそれがとても煩わしく、面倒でした。

このまま会社にいて、出世した先にもやはりそうしたくだらない輩が待っているのだろうと思うと、げんなりしました。入社したときに掲げた目標であった、歴代トップセールスという記録をクリアしたあたりから目標を失っていましたし、杓子定規な日本の組織で働くのはあまり性に合っていないと感じるようにもなっていました。

かといって特にやりたい仕事や事業も見つからず、悶々としながら過ごしていたのが、入社して4年ほど経った頃のことです。

そんなある日、ふらりと立ち寄った本屋で、私の運命は思いがけぬ方向へと転がりだします。

何とはなしに雑誌の棚を眺めながら歩いていると、一冊の情報誌が目に入りました。

それは『ディズニーファン』という雑誌であり、その表紙にはミッキーマウスを中心にたくさんのディズニーキャラクターたちが並んでいました。

そういえば、ミッキーマウスを嫌いだという人はほとんどいないな、なぜなんだろう。どうしてディズニーのキャラクターはこんなにも愛されるんだろう。

私がふと抱いたこの疑問こそ、のちに私が米国へと導かれ、さらにはヒット商品を生み出し、ひいては未常識という概念へと行き着くための、始まりとなるものでした。

第2章

米国から輸入した文具が日本で大ヒット
海外の常識は日本の未常識
～異なる価値観からトレンドをつくる～

すべてを捨て、米国へ行くと決めた日

世界中にファンをもち、何十年にもわたって愛され続けているテーマパークといえば、ディズニーランドです。日本においても１９８３年に開園し、40年もの間変わらず人気を保っています。

本屋で『ディズニーファン』と出会ったとき、私は26歳でしたが、それまでディズニーの世界とはほとんど無縁で生きていました。ディズニーランドの開園時にはすでに大学生でしたから、子ども時代の思い出のなかにもディズニーのキャラクターはおらず、家族で楽しい時間を過ごしたようなこともなく、そこまで興味がなかったというのが正直なところです。

それにもかかわらずなぜ『ディズニーファン』が目に留まったか、その理由ははっきりしないのですが、一度疑問が浮かんでしまうと、自分が納得するまで徹底的に調べなければ気が済まないというのが私の性分です。

当時は今のようなネット環境はありませんから、調べ物といえば図書館に行くのが定番でした。さっそく私も図書館へと足を向け、本を一通り漁ってはみましたが、収穫は多く

ありませんでした。

ディズニーの歴史を描いた本や、創業者ウォルト・ディズニーについての伝記などはたくさんあったのですが、キャラクターたちが愛される秘密を解き明かすような内容のものはほとんどなく、納得とはほど遠い状況でした。

しかしそうしてディズニーについて調べるうちに、私はそのすばらしさを改めて理解しました。日本にはおよそないファンタジーの世界の奥深さや、多くの人に夢を見せ、希望を与えるそのあり方は、かけがえのないもののように感じました。

いつしか私は、ディズニーという企業に惹かれていきました。そして人生で初めて、こんな会社で働いてみたいと思いました。

それが、私が転職を決意した瞬間です。

ただ、日本にあるディズニーの施設を運営しているのはディズニー本社ではなくオリエンタルランドであり、ディズニーとのライセンス契約により日本での運営を行っています。せっかく職を変えるなら、米国のカリフォルニア州アナハイムにあるディズニーランド本社に勤めてみたいという気持ちがふつふつと沸き上がってきました。本場に行き、本物を感じることでしか見えないものがあると思ったのです。

とはいえ当時の私は英語などまったくできませんし、そもそも人材募集がかかっているかも分かりません。

それでも私は、4年間勤めた証券会社に辞表を出しました。

当時はトップセールスとなって、収入も高く、生活は安定していたのですが、それを惜しむ気持ちはまったくなかったです。周囲からは「本当にいいのか」「意味が分からない」「やめたほうがいい」などとさんざん止められましたが、私としては新たな世界が目の前に広がった感覚があってわくわくしていました。

たった一つの質問だけで、ディズニーの契約社員となる

まず解決すべきは、言葉の壁です。英語が分からなければ仕事どころか就職の面接すらできません。

そこで私が頼ったのが、英語のできる友人でした。彼にディズニーという企業の魅力を説き、一緒に米国に働きに行かないかと誘ったのです。

もしここで断られていたなら、私の人生はまた違った方向へと進んでいたに違いありま

せん。しかし友人は「面白そうだ、一度きりの人生だから、そんな時間があってもいい」と話に乗ってくれ、私の退職の翌月にはともにロサンゼルス国際空港行きの飛行機に乗っていました。

ただ、就職の面接どころか、来訪のアポイントすら入れていませんでした。何の準備もせずにとりあえず現地に向かうなど、今思えばあまりに無謀、無策でしたが、なんとかなるだろうという不思議な予感がありました。

これは経営者の多くが実感していると思いますが、とにかく行動を起こした結果、新たな道が拓けるということはよくあります。未常識もまた、積極的に行動をしなければなかなか見つからないものです。

米国に着いた私たちは、住む場所すら定めぬまま、すぐにディズニー本社へと向かいました。

そしてさっそく、米国という国の懐の深さを知ることになります。

本社の門をくぐり受付を訪ねて、おそるおそる「働かせてほしい」と告げると、相手は嫌な顔一つせず何本か内線をかけ、担当者を呼んでくれました。日本ならまず間違いなく門前払いで終わり、担当者が出てくることなどあり得ませんでした。

しばらくして、目の前にある大きな階段を一人の男性が降りてきました。

笑顔で握手を交わしたあと、彼は私たちを応接室へと案内してくれました。それがディズニー本社の人事部長であると分かった際、私は驚きを隠せませんでした。役職や肩書がモノをいう日本とは違い、米国ではたまたま手が空いていた、興味があった、という理由で管理職であってもフランクに接してくれるのだと、のちに知りました。

なお人事部長からされた質問は、たった一つです。

「日本からはるばるやって来てまで、なぜうちで働きたいのですか」

それに対し友人がどう答えたかは記憶にありませんが、私は「ディズニーのキャラクターたちが長きにわたり世界中で愛されているその秘密を解き明かしたい」と言いました。

友人の通訳を介して私の思いを聞いた人事部長は、にっこりとほほえみました。

「ユア、ウェルカム。断る理由はありません、一緒に働きましょう」

その一言のみで、私たちはディズニー本社で契約社員として働くことになったのです。

「まずは住むところを見つけたほうがいい」

人事部長からのそんなアドバイスに従い、私たちはさっそく近隣にアパートを借りました。

出社初日、まずはいろいろと部署を見学したうえで、どこで働きたいのかという希望を聞かれたのち、最終的には企画部に入ることになりました。

その後、行われたのが人材教育です。

ディズニーの社員教育がしっかりしているというのは有名な話であり、当時から変わっていません。この教育は、マニュアルを叩き込まれるようなものではなく、「人を楽しませる」という思想の徹底など、ディズニーの一員としての理念に基づく行動指針を身につけるのを目的としていました。

マニュアルをいくら徹底して教え込んでも、人を感動させることなどできないというのがディズニーの考え方です。そしてマニュアルより理念や思いを基盤として行動するからこそ、ディズニーのスタッフたちはその時々で最善の行動を自ら選び取り、高いホスピタリティを発揮できるのです。

ベンチャー企業においても、社員の数が少ないうちはともかく、30人を超えてくると経営的な壁に当たることがよくあります。これはスタートアップ界隈では30人の壁と呼ばれているもので、ただの集団から組織へと変化するタイミングに差し掛かっていることを意味します。そしてさらに、組織が複雑化する50人の壁、分業化が進んで全体が見えづらくなる１００人の壁と、人事では大きく三つの壁が存在するとされています。

そこで社員たちの心をつなぎ、経営陣と同じ方向を向いてもらうのに必要なのは、マニュアルではありません。企業理念やビジョン、社会に対する思いといった、自社の存在意義と直結する経営理念がどれだけ組織内に浸透しているかが、壁を乗り越えていく際のポイントとなりますから、創業時からしっかりと固め、明文化しておくに越したことはありません。

迷ったら前提にある常識を疑え

米国という国は、自由で平等にチャンスが与えられる分、自らの行動の責任が問われます。日本では一般的に雇用側よりも雇用される側の権利が強く、会社はなかなか社員をクビにできませんが、米国では期待した結果が出なければ即、社員をクビにするような企業も珍しくありません。

私たちもそうした空気を肌で感じ、何としてでも結果を出さねばならないというプレッシャーを抱えながら仕事をスタートしました。

与えられたミッションは、「日本人の来訪者を増やし、その人たちが常に笑顔でいられるようなアイデアを考えること」でした。それさえ達成できれば手段は問わないといい、細かな指示ややり方の縛りなどはいっさいありませんでした。

企画部には、大きなミーティングテーブルが一つと、机がいくつかあり、フリーデスク制で開放的な雰囲気でした。日本人は私たち2人だけで、必然的に日本に向けた対策を全般的に担当する立場となりました。

友人とまず話し合ったのは、日本からどうやってアナハイムのディズニーランドまで人を呼ぶかでしたが、当然ながらCMを打つなどの大規模な広告戦略を展開するような予算などありません。さらには国内にすでにディズニーランドがあるのに、あえて10時間以上もの長旅をしてアナハイムへとやって来る人は、どう考えても少ないように思えました。

それでもとにかく当たってみようと、日本の旅行会社に対し、何らかのツアーを組んでもらえないか相談しましたが、やはり「日本にもあるのになぜ米国まで行かねばならないのか」という動機についての指摘を受け、最初はまったく取り合ってもらえませんでした。

それでも「本場のディズニーでしか味わえない魅力がある」と話し続け、なんとか突破口を探っていたところ、とある大手旅行会社の担当者が、根負けしたように言いました。

「分かった分かった、じゃあそっちに行ったお客さまが日本に帰ってきてから自慢できるような特別な体験を用意してくれるなら、ツアーを検討してもいい」

ただし特別な体験とはいっても、専用のショーを新たにつくったり、日本人向けの商品を開発したりする大規模なプロジェクトを手掛けられるような立場にはありません。手間がかからず簡単に実行でき、かつ日本からアナハイムまでファンがやって来るような都合のよい施策は、いくら考えても出てきませんでした。

そこで私は、発想を変えることにしました。

壁に当たったら一度、前提条件から考え直すというのが、私の昔からの思考法です。これは実は、常識の枠を取り払うための訓練にほかなりません。前提条件とはいわばその時点での常識であり、それを疑うことで新たな道が見えてくるわけです。

ただし気を付けねばならないのが、自分たちで定めた前提条件と、変えてはならぬ絶対条件との区別です。特に組織で動いているような場合には、絶対条件が付きまとうもので、そこはブレさせてはいけません。要は、達成すべきゴールは常に同じ場所であるけれど、そこに至る道筋は何度再考してもいい、ということです。

このディズニーのケースでは、「日本から直接、人を呼ぶ」ということを勝手に前提条件に据えていましたが、よく考えてみれば依頼内容、すなわち絶対条件は「日本人の来訪者を増やす」というものであり、日本から呼ばねばならないとは一言も述べていません。ディズニー側としては、日本人の来訪者が増え、笑顔になってくれればいいわけです。その条件を満たすうえで、何も日本から直接人を呼ぶ必要はないというのに気づいたのが、ブレイクスルーのきっかけとなりました。

別の目的をもって米国西海岸を訪れた日本の人々に、ディズニーランドにも立ち寄ってもらうようにすればいい。

そう結論付けると、視野が一気に広がりました。

米国で学んだ、信念をもつことの大切さ

まずは日本から米国西海岸を訪れる人々が、何を目指して来ているのかを知るべく、市場調査を行いました。すると観光客が圧倒的に多かったですが、当時は海外旅行といえば

旅行会社のツアーに参加するのが主流で、そうした場合すでにスケジュールが固まっているため、旅行会社の協力なしにはなかなか獲得が難しいという現実がありました。

では、観光客は何を目指して来るのか、どんなツアーが多いのかを調べていくと、私たちにとって意外な事実が分かりました。

当時、米国西海岸は、新婚旅行の主な選択肢の一つとなっており、そこに決して小さくない市場があったのです。

結果としてこれが突破口となり、私たちは未常識をつかむことになります。

私たちが仕掛けたのは、ディズニーオリジナルの「結婚証明書」の発行でした。ミッキーやミニーと、本国ディズニーランドのシンデレラ城をバックに写真を撮り、結婚証明書に加工して渡すという新たなサービスをつくったのです。

人生における大切なイベントである新婚旅行だからこそ、自分たちの特別な思い出が欲しいものです。そしてせっかく米国西海岸まで行くなら、そこでしか手に入らない一生の思い出をつくりたいと考える人は多いはずです。結婚証明書というアイデアは、こうした心理をうまく掘り起こすものでした。しかも予算もあまりかからずに実現できたため、社内からも特別反対されるようなことはなく、自由にやらせてもらえました。

何より反応がよかったのが、旅行会社です。

最初は「特別な体験ができるならツアーを検討する」と言ってくれた会社に持ち込んだところ、3日と経たずに採用され、さっそくツアーが組まれました。するとそれをきっかけに、「うちもやりたい」「ぜひツアーをさせてほしい」と、ほかの旅行会社からも続々と依頼があり、大手はもちろん小さな代理店まで採用してくれました。そしてしばらくすると、米国西海岸への新婚旅行ツアーにおける定番イベントの一つに定着していったのです。

振り返るとこれが私にとって初めての、未常識から事業を成功させた体験でした。

また、米国という国で働いた経験そのものも、のちの大きな財産となりました。

ディズニーという企業には挑戦を是とする文化があり、これまでにないプロジェクトに対しても、「成果を得るにはチャレンジが必要だ、やってみたらいい」と背中を押してくれました。「前例がないからできない」などと言う人は、一人もいませんでした。その代わり、仕事を細かく指示されるようなことはなく、自分はこの場所で何ができるかを考え、自らのやるべきことを見つけて実績を出していかねばなりませんでしたが、その環境は私の性に合っていました。終身雇用が前提であった過去の日本では、新人のうちは会社側がこなすべきタスクを用意し、育てていくという方式が主流でしたが、それはグローバルスタンダードとはいえないやり方です。欧米では、タスクが上から降りてくるのを待っていてもただ時間だけが過ぎていき、自ら動かなければ何も始まりませんが、だからこそ主体性や創造性が育まれていくと思います。

そのほかに米国で学んだのは、信念をもつことの大切さです。

世界においてこの信念は、時に宗教に根差したものになります。

無宗教の人の割合が高い日本にいるとなかなか想像が付きませんが、世界においては宗教をもっているのが当たり前です。少なく見積もっても8割の人が何らかの宗教を信仰しており、無宗教者はかなりの少数派といえます。

宗教をもたないと、自分がモノを考える際に立脚する場となる信念は、自らつくらねばなりません。ベンチャー企業の経営者であれば、自らが事業を通じどのように社会をよりよく変えるのか、人生で何を成し遂げようとしているのか、といったところが信念へと変わるのが常道です。

信念がなければ、海外では評価されない傾向が強いです。今後はグローバル化がさらに進み、外国人と働く機会もどんどん増えていくはずですが、その際に自らの信念を自分の言葉で明確に伝える力が求められます。そしてこの力は、経営者にとってあらゆるプレゼンテーションの説得力を高めるベースとなるものでもあり、ぜひ身につけておきたいところです。

ディズニーキャラクターが愛される理由の考察

さて、渡米の目的であった私の疑問、「どうしてディズニーのキャラクターはこんなにも愛されるのか」については、ディズニー本社で働くことで解決したのかというと、その核心まで踏み込めたとはいえないのですが、それでもある程度納得はできました。

キャラクターの人気を支えている大きな要因は、教育制度にありました。そこで理念を徹底的に学ぶことで、スタッフたちはディズニーならではのホスピタリティを発揮できるようになり、その質が高いレベルで安定していることが、「夢の世界」を現実からしっかりと守っています。商標権に極めて厳しいのも、夢の世界を保護するためです。それらがあって初めて、ディズニーのキャラクターは人々の夢の体現者として愛され続けているのです。これはあらゆるブランディングにおいて意識すべき大切なポイントであるといえます。

マーケティングの観点からも、愛される理由が一つ見つかりました。ミッキーマウスの顔や体形が、時代によってずいぶん変わってきているのを知っている人は、ファンを除いてそう多くはありません。

1920年代に誕生した頃のミッキーマウスは、ぎょろっとした目をしていて、体形もスマートでした。その性格もだいぶやんちゃな設定だったようです。しかし1928年11月に公開された『蒸気船ウィリー』では、現在のミッキーマウスに少し近づき、穏和な表情に変わりました。それで大人気となったことで、親たちから「うちの子が真似をするので変なことはさせないでほしい」という要望が入り、性格が優等生になっていったという話もあります。それ以降、30年代や40年代にはより人間的で豊かな表情をするようになり、顔は丸みを帯び、体形も洋ナシ形に変わっていき、現在のようなスタイルに落ちつきました。

なぜ一つのキャラクターにこのような変遷があったのかというと、その時代のファンにとってより好ましいようにモデルチェンジしていった結果にほかならないでしょう。そうして時代に合わせて変化してきたことも、ミッキーマウスが何世代にもわたり愛され続けている理由であるというのが私の結論でした。

観光客を狙い撃つ、前代未聞のカラオケボックスを開業

米国のディズニー本社では、28歳まで2年間、働いていました。

自分に合った仕事で居心地もよかったので、私としてはもうしばらく滞在してもよかったのですが、事情があって移住生活は幕を下ろすことになります。

ただ、知覧特攻平和会館を訪れ、特攻隊の真実の姿を心に刻んで以来、私のなかにはずっと日本を元気にしたいという思いがありましたから、そう遠くない将来には日本に帰るつもりでいて、そのためのイメージは常にもっていました。帰国後、こんな事業をやったら面白いのではないか、米国のこの文化をうまく日本に導入できないか、といった発想をいつも頭に描きながら暮らしていたのです。こうして日本と米国をつなげる形で事業を考案する習慣が付いたのは、のちに世界各国で事業を展開するための基盤となるものでした。

とはいえ、帰国後すぐにそのアイデアを実現できたわけではなく、ひとまず生活を成り

立たせるための仕事が必要でした。

そこで帰国してすぐに友人と一緒に始めたのが、カラオケボックスの経営です。なぜカラオケボックスに関心があったかというと、やはり母の影響が大きかったです。人間の承認欲求を満たすカラオケという存在はなくならないという母の説を、自分でも検証してみたいという思いがありました。

なお開業資金については、証券会社時代の蓄えが残っていたのに加え、米国滞在時はほとんどお金を使わずに生活していたため、自分たちでなんとかめどを付けられました。

客商売をするに当たり最も重要な要素の一つが、出店場所です。人が多く集まるところはそのぶん出店料がかさみ、競合店も多い傾向がありますが、だからといって人口の少ない田舎では、広告宣伝費をかけて広域から人を集めでもしない限りなかなか売上は伸びていかないものです。

私たちも当然ながら資金には余裕がなく、大都市での開業は最初から目指していませんでしたが、それでもできる限り人の多いところに出店したいとは考えていました。

そこで私が目を付けたのが、地方の観光地です。

たとえさほど大きくない地方都市であっても、すでに人が集まる土壌がある場所なら勝負できると考えました。

これをより分かりやすく表すなら、「他者が集めたお客さまを使って商売する」といういい方になります。観光地でいえば、歴史ある寺社仏閣、リゾートホテルや有名レストランといった施設を目指して来た観光客に対し商品やサービスを提供すれば、自社は集客コストをさほどかけずともビジネスができます。

米国にいた頃、私たちはすでにこのやり方を試し、実績を上げていました。旅行会社が集めてくれたお客さまをディズニーランドへとつなぐ企画を立案実行した結果、集客コストをかけずに来園者を増やすのに成功したわけです。以降、他者が集めたお客さまで商売をするというのは私の経営哲学となり、現在も事業を立ち上げる際には必ず意識している鉄則の一つです。資金に余裕のないベンチャー企業にとっては、この手法がベストな選択であると考えています。

カラオケボックスの開業に当たっても同様の理屈で観光地を絞り込んでいった結果、目を付けたのが、三重県鳥羽市でした。

鳥羽は、年間何百万人もの観光客が訪れる伊勢神宮の近隣にあり、海沿いにはリゾートホテルも多く立ち並んでいました。さらには友人が鳥羽出身で土地の事情に通じていたという強みもありました。

最終的な決め手となったのも、友人が地元の人々から集めた情報でした。当時の鳥羽には娯楽施設がなく、せっかく鳥羽市内に宿を取った観光客が夜になると娯楽を求め他市に流出しているという実態を知り、私は大いなる可能性を感じました。

そこで、鳥羽市のなかでも特に富裕層が集まる高級リゾートホテルに電話を入れて、宿泊するお客さまからどういった問い合わせが多いかを尋ねたところ、「そういえばこのあたりにカラオケボックスはないのかと、よく聞かれる」という答えを得たことで、私は事業の成功を確信したのでした。

こうして1994年に、私と友人が共同経営者を務めるカラオケボックスを、鳥羽市にオープンしました。

敷地内には15部屋のカラオケボックスが並び、最新鋭の機材を取りそろえるとともに、軽食とアルコールも提供しました。ちなみにカラオケボックスの利益は、室料よりも飲食代から生まれますが、お客さまは歌うことが目的で来店しているため、飲食のクオリティにはそこまでうるさくないというのも、商売としての大きなメリットです。

観光地につくった以上、ターゲットとしたのは観光客であり、特にリゾートに遊びに来る富裕層をいかに獲得するかが重要であると私たちは考えました。

そこでリゾートホテルや老舗旅館に営業をかけ、「娯楽施設に関する問い合わせがあればぜひうちを勧めてほしい」と頼んで回りました。ホテルや旅館としても、せっかくの宿泊客がほかの市に流れてしまうのをなんとか食い止め、地域にお金を落としてもらいたいという心理があるわけで、多くは私たちの店の開業を好意的に受け止めてくれ、どんどんお客さまを紹介してくれました。

なお、当時は地方のカラオケボックスといえば基本的にはそこに住む住民をターゲットとして開業されるものであり、地域の人々よりも観光客にターゲットを絞ったカラオケボックスは前代未聞でした。

そのアイデアは当たり、売上は順調に増えていき、開業から3年経った頃には年商が1億円を超えるところまで成長しました。

しかし残念ながら、そこがこのビジネスモデルの限界でした。

私たちの成功を目の当たりにした同業他社が、鳥羽市内にどんどんカラオケボックスをつくって競争が激化したのに加え、市内を訪れる観光客の数が減っていったことで、売上は次第に下がってきました。それを潮時と判断し、私たちは6年目に事業を売却したのでした。

失敗を受け入れ、次の事業の糧へと変える

カラオケ店売却のタイミングで、私は20代の多くの時間をともにした友人とたもとを分かち、自分で事業を立ち上げていきます。

そこから私は、未常識に挑戦すべく、立て続けに事業を起こします。

新たな領域として目を付けたのが、冠婚葬祭に関わる業界でした。この先どんな世の中になっても、冠婚葬祭はなくならないということで進出を決め、まずは葬儀業界で事業の芽を探そうと思い立ちました。

その頃からすでに少子化社会の到来は予想されており、高齢者の割合もいずれ上がっていくと予測できたため、市場としては葬儀業界が最も有望に思えました。

それで業界についていろいろとニーズを探っていき、たどり着いたのが遺体をくるむ白装束の販売でした。デザインがワンパターンで没個性的な白装束を改良し、消費者の選択肢を増やすという試みでしたが、結果としてこれはまったく売れませんでした。

主な営業先は、白装束を着せる葬儀店や病院なのですが、そもそも葬儀店や病院は白装束にデザイン性を求めておらず、消費者からそれを選択したいという要望も皆無です。加えて葬儀業界は極めて閉鎖的で、病院と特定の業者がすでに深く結びつき、既存の商品を扱おうとする新参者が付け入るスキはほぼありませんでした。

この失敗を一つの教訓に、次に私が狙ったのは、ウェディング業界でした。冠婚葬祭のなかでは圧倒的な規模をもつ業界であり、葬儀業界ほど閉鎖的ではないだろうと考えたのです。

葬儀用白装束を開発した経験から下着メーカーとつながりができていたため、それを活かすべく結婚式で使う下着に着目しました。花嫁がウェディングドレスを着る際には、専用の補正下着を着けるのが通例であり、その市場はすでに成熟しています。では、花婿のほうはどうかというと、専用の補正下着が存在していませんでした。

ただし、男性が補正を行いたいであろう体のパーツはごく限られます。私は、最も需要が多そうなのはお尻であると見当を付け、下着メーカーと組んでそれが引き締まって見えるような補正下着を新たに開発し、販売を始めたのでした。

しかし残念ながらこれもヒット商品になることはなく、いつしか世から消えていきました。単純に、ニーズがなかったということだと思います。

振り返れば、葬儀業界においては既存商品の改良というおよそ未常識にはなり得ない方向性で事業を展開し、ウェディング業界では独自性こそあったものの消費者心理をつかむことができなかったというのが、失敗の主な理由でした。ただ、こうした経験を通じて未常識をつかむためのノウハウが積み上がっていったのですから、人生に無駄な経験などないのだと感じます。

失敗を失敗のまま終わらせるか、次につながる糧へと変えるかは、本人の考え方次第です。事業をやる際には、100のチャレンジのうち一つでも当たればいいというくらいの気持ちで行いつつ、常に次につなげることを意識するのが大切です。なお、たくさんのチャレンジをするには、スモールスタートが基本です。私は常に、自己資金を上回るような投資はせず、その時々でできる範囲の小さなチャレンジを積み重ねるようにしてきました。

どんなに優秀な起業家であっても、事業のすべてをヒットさせるのは不可能です。まして次世代の常識をつくるのを目指す場合、100や200の失敗は当たり前に覚悟しなければなりません。逆にいうと、幾多の失敗を乗り越えてチャレンジを続けられた創業者のみが、ユニコーンとして羽ばたくことができるのだと私は思います。

何のため、誰のために事業をするのか

そうして起業家として不毛な時期を経験しましたが、そんななか唯一うまくいき、生活を支えてくれた事業があります。

それが、喫茶店の経営です。

きっかけをくれたのは、やはり母でした。

「地元で喫茶店をやっていた夫婦が、そこを手放すことになったけれど、なかなかいい物件のようだから興味があれば一度見に来たら」

そんな誘いをくれたのです。

小さな田舎町で喫茶店を経営するなど、最初は正直、興味が湧きませんでした。しかしせっかく話をしてくれた母の気持ちをむげにはしたくなかったので、ひとまず見学に行くことにしました。

その物件は1階が20坪ほどの店舗、2階は居住スペースになっていました。場所は

ニュータウンの一角で、各所で建設工事が行われている最中であり、これから人口が増えていくのは間違いありませんでした。しかも周囲には、ほかに喫茶店が存在しておらず、母が「なかなかいい」という理由がよく分かりました。

実際に足を運んで私が驚いたのは、喫茶店が朝から午後までずっとほぼ満席だったことでした。なぜこれといった特色のない地方の店がこれだけ繁盛しているかを知るべく、私は一日中張り込んで来店客を観察していました。

すると、朝6時のオープンに合わせて、まず周辺の建設現場で働く作業員たちが大挙して押し寄せ、モーニングを注文していました。早朝の時間帯に限り、コーヒー1杯にトーストやゆで卵などさまざまなおまけがついてくるモーニング文化は、中京圏や阪神圏の喫茶店でよく見られます。コーヒーとともにボリュームのあるメニューを提供するところも多く、それを目当てとする始業前の人々でにぎわうというのが、地域における朝の日常風景となっています。この喫茶店の場合も、周囲にはほかに同業者がいないこともあり、モーニング需要を独占しているような状況でした。

時刻が9時を回り朝の喧騒が一段落した頃、作業員たちと入れ替わりで訪れるのが、地元の農家たちでした。朝早くから田畑に出て農作業を行い、それが終わったタイミングでくつろぎにやって来るのです。その後、ランチ時には再び建設作業員でごった返し、ピークが過ぎると今度は地元の高齢者たちが集まってきて、のんびりとティータイムを楽しみます。

これが、朝6時から午後3時までほとんどの席が埋まるからくりでした。

こうして安定した利益が出ていた分、喫茶店の譲渡費用はその地域にしては高かったですが、それでも都心部で喫茶店をやるよりは安い投資額で済みました。私はすぐに売買契約を結び、喫茶店のオーナーとなったのでした。

事業を始めるに当たってまず考えたのが、この喫茶店が地域においてどのような役割を果たすべきなのかということでした。ただ儲かればいいという発想では、すぐに人の心は離れてしまうというのが私の持論です。事業とは、社会の役に立ち、関わる人々を幸せにしてこそ長続きするものであり、立ち上げ時には特に、何のため、誰のためにその事業をやっていくのかをしっかりと考えておく必要があります。

このとき、私が設定した社会的役割は、地域の憩いの場として人々をつなぐ存在になることでした。住民が気軽に足を運び、ゆったりとくつろぎつつコミュニケーションを取ること、絆を深める場所を目指すと決めました。

しかしそれを実現し、継続していくためには、利益を上げねばなりません。こうして社会的役割と収益とをどのように両立するかというのが、事業を行う際に経営者が最も頭を絞るべきことであると思います。そこは確かに現状ではライバル店もなく、経営的に安定した状況でしたが、新たな店ができた時点で状況は変わるでしょうし、建設工事が一通り完了したのちは、作業員たちはいなくなります。全国的に見れば喫茶店の多い激戦区で、環境の変化に耐えつつ生き残っていくには、ただ当たり前のことをしているだけではいけません。

経営的な視点でいうと、喫茶店の売上というのは結局、回転率と営業時間で決まりますから、席がお客さまで埋まった状況をできる限り長く保つというのが理想です。私の喫茶店は、確かに朝から午後にかけては十分に人が入っていましたが、一方で夕方以降には一気にお客さまが減り、開店休業状態になるという弱点がありました。

ただの喫茶店であるうちは、その地域において夕方以降もお客さまに来てもらうことなどできません。これまでにない新たなアイデアが必要でした。

売上よりも利益を追い、ロスを減らす

そこで私が取り入れたのは、カラオケでした。

具体的には、朝から夕方までは喫茶店、夜になったらカラオケ喫茶というように、業態を変化させることを思いついたのです。今でこそそうした店は珍しくありませんが、当時そんな経営を行っているところはほとんどなかったはずです。

「一つの箱に一つの業種」という常識の枠を取り払った先に、より大きな成功が待っていました。

夜限定でのカラオケの導入により、店は夕方以降もにぎわい続けました。ちなみに昼は1杯300円のコーヒーも、夜には600円に値上げしましたが、カラオケを目当てにやって来るお客さまにはそれでも問題なく売れました。結局は顧客の心理こそが、マーケットのあり方を左右するのです。

ここで改めて、喫茶店が繁盛した理由を分析しておきたいと思います。

最も大きかったのは、地域のマーケットを独占していたということです。こうして独占市場をつくれれば、競争相手への対策にかかる労力やコストが発生せず、成功の可能性が

大いに高まるというのは想像に難くないと思います。私の喫茶店の場合は運に恵まれたところが大きいのですが、ベンチャー企業の経営者であれば、その事業で独占市場を築けるかどうかに着目すべきであり、独占のために求められるのが未常識の発想であるといえます。

もう一つのポイントは、夜にカラオケという新たな業態を導入したことで、客席が埋まったとともに、食材のロスが減ったことです。

あらゆる業種において、ロスというのは利益を食いつぶす大きな要因です。飲食業においては、食材のロスがどれくらい発生するかによって利益率がまったく違ったものになります。

居酒屋などでは、店を遊ばせておくのがもったいないからと、ランチ営業を始めるようなところがよくあります。それで確かに売上は上がるでしょうが、そのために新たな食材を仕入れ、結局はロスが増えてしまったなら、利益はむしろ減っている可能性がありますす。日本では、売上至上主義の経営者をよく見かけますが、真に注目すべきは利益のはずで、実際に米国では売上を追うより利益を重視する経営がスタンダードです。

そして、利益を減らす大きな要因がロスであり、喫茶店なら廃棄する食材の量をいかに抑えるかが、経営の安定につながります。私の場合、カラオケを導入し、飲食にはそこまでこだわりのないお客さまに対して保存の利く冷凍食品を中心としたメニュー構成にすることで、ロスをかなり減らすことに成功しました。それが利益率を押し上げたというのも、事業が躍進した理由です。

この体験を通じ、私は売上よりも利益重視の経営を常に心掛けるようになりました。できる限り少ないリスク、コストでいかに生産性を高め、利益を出すかというのは、経営という仕事の醍醐味の一つであると思っています。

こうして喫茶店は軌道に乗り、最終的には3店舗まで横展開して、生活に困るようなことはなくなったのですが、その一方で私のなかには、喫茶店の経営に対する熱が冷めていく感覚がありました。

独占的に商売ができる立地にある地方の店舗に、カラオケの導入による付加価値を付けるという必勝パターンをつくり上げ、それをなぞるだけで当時は成功できたのですが、だからこそ私は物足りなさを感じるようになりました。

そもそも私には、大きく儲けたい、組織を拡大したいというような欲求がほとんどありません。それよりもむしろ、利益を生む仕組み自体をつくり上げたり、自らが考案したプラットフォームが世に受け入れられて広まったりするほうに、喜びがありました。この気持ちを突き詰めていくと、結局は自分がいつもわくわくしていたい、何らかの夢を追っていたいということにほかならず、それが私にとって経営をする意義であり、人生の幸せなのです。

また経営者としても、私は自分が一つの事業を末永く継続するタイプではなく、新たな事業を次々に立ち上げて軌道に乗せていく起業家気質の持ち主であるというのがよく分かりました。

結局、喫茶店については現場を切り盛りしていた妹にその権利を譲渡し、私はオーナーという立場から退くことに決めたのでした。

米国で流行っていた、妙なボールペン

オーナーを辞めて何をするかは、実はすでにプランがありました。

世の中に、新たな流行をつくる。それが私の目指すべき道であると定め、喫茶店の2階を事務所に改装して事業のアイデアを練り、試行錯誤を繰り返していました。

流行を生み出すといっても、それだけでは曖昧模糊としています。まず必要になるのは、自分の強みを活かせるであろう分野を見極めることです。私の場合、米国のディズニー本社で働いていたことが、日本人としてはなかなかない経験であり、武器になると思いました。

ディズニーの事業を成り立たせているのは、ウォルト・ディズニーが生み出したキャラクターの魅力です。彼と同じことをするのは当然難しいにせよ、日本にはないキャラクターを見いだし、流行させるのは可能ではないかと私は考えました。

それで世界各国のキャラクターに関する情報をいろいろと集めていたのですが、そんななかで米国にいるディズニー時代の友人からたまたま聞いた情報がありました。

「そういえば今、米国ではティーンエイジャーの間で、妙なボールペンが流行っているんだ。私は４日後に日本に帰る予定だけれど、もし興味があれば１本、持って行こうか」

私が志すキャラクタービジネスとはややずれている気もしましたが、妙なボールペンというフレーズがひっかかりました。それはいい方を変えれば独自性が高いということにほかなりません。

１週間後にその友人と会い、さっそくボールペンを見せてもらうと、それは一般的なボールペンよりもはるかに太く、持ちづらそうでした。当時人気だった映画『ゴーストバスターズ』の主人公たちやゴーストがデザインのモチーフとなっており、見た目は文具というよりおもちゃのようでした。

見た目は確かに変わっていました。でもだいぶ重くて書き心地も悪い、なぜこれが売れているのかなと私は不思議に思い、そのことを友人に尋ねました。

すると友人はにやりと笑い、次のように言いました。

「これは、スイングジグルっていうんだ。重いのは、中に単3電池が2本入っているせいさ。ペン先にあるスイッチを入れると……」

そう言って友人がスイッチを入れたとたんにボールペンは、ぶるぶると震えだしました。

「さあ、この状態で字を書いてくれ」

言われるままにボールペンを受け取り、あいうえおと書いてみると、その字は細かく震え、なんだかおどろおどろしい雰囲気です。そこで私はこのペンが流行っている理由がようやく理解できました。

なるほど、これは筆記具というより、遊ぶためのペンなんだと私が言うと、友人はうなずきました。その瞬間私の脳裏には、高校生の男女が教室でこのペンを握り、楽しそうに笑い合っている姿が浮かびました。

これは間違いなく流行る。私はそう直感し、さっそく販売元の米国のメーカーから、スイングジグルを取り寄せることにしたのでした。

ただ、いくら商品が魅力的でも、それを広める場がなければ流行はつくれません。この頃はまだ日本でＥＣサイトが出始めた時期であり、今のようにインターネットを介して商品が売れていくような時代ではありませんでした。

流行をつくるなら、できるだけ多くの人が集まるところで商品を販売する必要がありましたが、一般的な文房具店では、この遊び心のある商品がどこまで受け入れられるか分かりません。商品特性にあった販売先を探すべきだと考えました。

何時間か頭をひねり、ひらめいたのが東急ハンズ（現：ハンズ）でした。

１９７６年に創業した東急ハンズは、ＤＩＹ（Ｄｏ　Ｉｔ　Ｙｏｕｒｓｅｌｆ）関連の素材や工具を幅広くそろえた店舗としてスタートしました。その後商品数をどんどん増やし、日用品、寝具、文具、パーティーグッズまで扱うようになり、現在に至っています。

文具も置いてあり、遊び心がある商品を求めるお客さまも多い東急ハンズなら、スイングジグルの販売先として最適です。

しかしそれはあくまでこちらの都合であり、果たして東急ハンズ側が話を聞いてくれるかは未知数でした。むしろ個人事業主にすぎない私が、いきなり「これを売ってほしい」とおしかけても、相手にされない可能性が高いと思いました。

それでも私は、当たって砕けろの精神で、東急ハンズの親会社であった東急不動産に電話をかけ、直談判しました。店舗ではなく親会社に話をもっていったというのが、唯一の工夫らしい工夫でした。

東急不動産で私の要望を聞いてくれた若い担当者は、そこまで東急ハンズの商品群について詳しいわけではなく、加えて売り込みを受けるのも初めてのようでした。

私が自らの思いをとうとうと語るのを、特に何の口も挟まずに聞いており、説明が一通り終わるとおもむろに言いました。

「話は分かりました。では私のほうから店に連絡は入れておくので、あとは店の担当者とやりとりしてください」

そう言うとさっと席から立ち上がりました。きっと本業のほうが忙しく、東急ハンズに対する売り込みなど、できるだけ早く終わらせたかったに違いありません。それでも会ってもらえただけ、私は幸運でした。

そこでさっそく東急ハンズの店舗に連絡を入れ、現場の担当者とうまくつながることができました。

後日、売り込みに行くと、その担当者もまた乗り気とはいえない態度でした。スイングジグルを見せても、あまりピンと来ていないようでした。今だから想像できますが、本来なら個人からの売り込みなど迷わず断っているところなのに、親会社からの指示だから仕方なく付き合ってくれていたのだと思います。

私の商品解説を聞いたあと、担当者はさほど関心がなさそうに言いました。

「まあ一度置いてみましょうか。エスカレーター横の踊り場なら今、空いているので、そこにテーブルを出して売ってもらう分にはかまいません。ただし、個人事業主のままでは取引はできません。会社を立ち上げるのが取引の条件ですが、それでもいいですか」

私としてはそれでも十分ありがたい話です。担当者のこの提案を快諾しました。こうして私は、東急ハンズにごく小さなレンタルスペースを構えることができたのでした。ちなみにこのときつくった会社こそ、現在私が経営する株式会社です。

ついに生まれたヒット商品、スイングジグル

スイングジグルは最初の3週間、ほとんど売れませんでした。

1000個ほど商品を仕入れていたのですが、1日で1個売れるかどうかという状況が続き、人件費などを考えれば大赤字でした。

このままではいけないと、私は知恵を絞りました。

そして人脈をたどりにたどって、テレビ局のディレクターとつながりました。

彼は当時深夜帯で人気だった、若者層をターゲットとした情報バラエティ番組を担当しており、いつも新たな情報を探していました。

私がスイングジグルを見せたときの反応も極めて好意的で、「これは面白い、女子高生に受けそうだね」と言い、番組で紹介すると約束してくれました。

テレビはこの頃、最も影響力のある媒体でした。もしCMを打とうとすれば相当なお金が必要で、当然ながらそんな予算などありません。

しかし、相手の意向により番組内のネタの一つとして商品を取り上げてもらえるなら、CM料は払わずに済みます。私はそれを狙って、情報番組の制作サイドに商品を売り込ん

だのです。

結果としてスイングジグルは、番組内で20秒ほど紹介されただけですが、それでも大きな反響があり、１０００個近い在庫が2日ですべて売り切れました。

さらに輸入しても仕入れたそばから売れていき、いつしか東京の女子高生の間での大ヒット商品となったのでした。

私が新たに事業を立ち上げる際、常に気にかけているのが、いかに負債をつくらずに事業を行うかです。経営においては、借金をしてでもチャレンジすべきタイミングもあるとは理解していますが、事業のたびにそうして勝負に出ていてはリスクが大きすぎます。

予算をかけたチャレンジを行うにせよ、その原資は自分で用意しておくべきです。なぜなら負債こそ経営者を縛り、発想力を制限する原因となるものだからです。

返すべき借金があるのとないのでは、かかるストレスが違います。とにかく借金を返さねばならない、そのためにはなんとかお金を稼ぐ必要がある、というように利益自体が事業の目的になってしまうこともよくあります。

そうなると、とたんに事業がうまくいかなくなります。本来なら、社会のため、他者の幸せのために会社があるのに、目的が自分の利益にすり替わった時点で会社の存在価値が薄れ、人が離れていくからです。

そのようにして負債に思考を奪われないためにも、できる限りお金をかけず、自己資本のなかで勝負するというのが大切です。

スイングジグルの販売においても、東急ハンズという人気店に小さなスペースを借りて、他者が集めたお客さまを使って商売することで集客コストを抑え、また情報番組のなかで取り上げてもらって宣伝コストも絞りました。結局のところ使ったのはほぼ頭だけで、それでもヒットを生み出せたのです。「事業にはお金がかかるもの」と決めつけずに、知恵を絞る習慣を付けてほしいと思います。

その後しばらくスイングジグルは売れ続け、販売量も拡大していきました。そしてそれに合わせ、大量の商品を輸入するのが難しくなっていきました。1000個ならともかく、5万個、10万個とまとめて輸入するなら、一度で大きなお金が出ていくことになります。その金額が自己資本を超えれば、負債です。いくら利益が出ると分かっていても、負債を抱えるのは私の主義ではありません。どんなに頑張っても、一度に仕入れられるのは数千個が限界で、品薄の状況が続きました。

市場にものがなくなると、人が飽きるペースが一気に速まります。望んでも手に入らないものを追い続けるより、新たな流行に乗るほうが手っ取り早いからです。

こうしてスイングジグルは、販売開始から半年を過ぎる頃には売上が下降し、1年後には世間の記憶から消えていきました。

それでも私は、自ら流行を生み出せたことで自信を深めました。

そして次の流行をつくるべく、再び多方面から情報を集め、あれこれと事業化を模索しました。

第3章

ゴルフ練習場に出張整体院を即席開業

レッドオーシャンのなかにこそブルーオーシャンがある

~異業種とのコラボで事業を大きくする~

名古屋の地下街で見つけた、新たな事業のヒント

スイングジグルのヒットと衰退、そしてその後の不振という流れのなかにあって、私は新たな方向性を探し求めていました。暗中模索の日々のなか、私は一人の大学の同級生と、しばしば飲みに出掛けるようになりました。

彼は大学を中退して、大手運送会社でアルバイトをしながらお金を貯め、整体の専門学校に通っていた変わり種で、ちょうど自分の店を立ち上げたタイミングでした。事業を起こすことに関して、私は彼よりも経験があったので、よくその相談に乗っていました。

彼が飲みに行くたびに語っていたのが、整体師という仕事のすばらしさでした。自らの技術でお客さまの痛みを取り除き、施術をするほど「ありがとう」と感謝される、こんなにうれしいことはないと、いつも言っていました。

そして飲み会の終盤には、必ず同じ話になりました。

「整体師は、国家資格がなくてもできるからか、ただマッサージをするだけの存在だと思われている。社会保障もなく、保険も適用外で、世の中における地位が低いんだ。でも実際は、柔道整復師や鍼灸師と同じように、人の身体を癒やし、不調を取り除くことができ

る。技術が高い人もたくさんいる。自分はこの仕事に誇りをもっているから、なんとか整体師の社会的な地位を上げ、若者が憧れるような職業に変えていきたいと思っている」

熱く語る彼を前に、私はいつも心打たれていました。純粋で、まっすぐなその思いは、きっといつか人の心を動かし、社会をも変えるだろうという予感がありました。

夢に近づくために私に協力できることがあればなんでも言ってほしいと彼に伝えると、彼はうれしそうにほほえんでいました。

何度かそんな話を繰り返しているうちに、私は彼の夢に感化され、なんとかしてそれを叶えたいと思うようになりました。

私は、いくら自院を繁盛させてもその影響力には限界があるので、社会的信頼を高めるなら、まずは自社を上場させるしかないだろうとアドバイスをすると、彼は真剣にうなずきました。

整体という当時ニッチな市場で、小さな店舗を構えたばかりなのに上場を目指すなどと言っても、多くの人は笑うでしょう。しかし私たちは本気でしたし、必ず実現できると信じていました。そして実際に、そのための行動を開始したのでした。

客商売で事業を拡大し、上場までたどり着こうとするなら、その方法は大きく二つしかありません。客数を増やすか、客単価を上げるかです。

もちろん実際には、店舗を増やしつつ客単価も上げていくような工夫が求められるのですが、あらかじめある程度の方向性は定めておいたほうが、やるべきことが明確になります。私たちは、まず店舗数を増やすのを目標に据えました。整体業界の地位を上げるなら、整体の魅力を広く社会に伝えるのが大切だと判断したからです。

彼が最初に出した整体院の経営は順調で、技術もすでに評判になりつつあり、新たに人も雇いました。あとはそれをどう横展開し、広げていくかでした。

店舗展開を考えるに当たり、立地がいかに重要かについては、喫茶店の経営を通じ学んでいましたが、一等地に店を出すような予算はなく、仮に出店したとしても、接骨院やカイロプラクティックといった競合との熾烈な争いに巻き込まれるのは目に見えていました。

そこで私は、自らの経営の原則に従うことにしました。

出店にかかるコストを抑えるべく、他者が集めたお客さまを使って商売ができる場所はないか、知恵を絞ったのです。

日々、考え続けているなかで、ヒントは意外なところから見つかりました。

ゴルフ練習場に出張整体院を即席開業

名古屋駅前の地下街を歩いているときのことです。さまざまなジャンルの店舗がずらりと並ぶなかで、壁に商品をつるして販売している店が目に入り、私はなるほどと思いました。

店舗を借りているわけではなく、壁という小さなスペースを借用しているだけですから、その賃料はかなり安いはずです。だからといって場所が悪いわけではなく、行き交う人々が自然に目をやる位置にあります。

振り返れば、東急ハンズでスイングジグルを販売したときも、店舗ではなく小さな空間を借り、そこに机を置いて商売を始め、それでも十分な成功を収めました。

整体院についても、店舗を借りるという常識的な発想を捨て、空間を借りることからスタートすればいいのではないかと、私は思い至りました。

友人にそのアイデアを話してみると、「確かに施術台を置くスペースさえあれば、仕事はできるだろう」と言います。とはいえ整体というサービスを展開するのは、東急ハンズで文具を売るのとはわけが違いますから、可能なスペースはより限られます。加えて、整体に対する明確なニーズが存在する場所でなければなりません。さらに欲をいうなら、富裕層がよく訪れるような立地がベストです。

「そんな都合のいい場所が、本当にあるのかな」

友人は半信半疑でしたが、私は妥協することなく、多角的に情報を集め、より良い条件のスペースを探していきました。

そしてたどり着いた完璧な場所、それこそがゴルフ練習場でした。

前代未聞！　ゴルフ練習場につくった、出張整体院

いったいなぜゴルフ練習場なのかというと、まずは人が集まり、スペースにも余裕があるということです。また、ゴルフ練習の前後には、体をほぐしたいというニーズが必ずあると考えました。当時のゴルフは貴族のスポーツといわれ、練習場を訪れるほど熱心な人には富裕層が多かったというのもポイントでした。

さっそく私は、近郊にある比較的規模の大きなゴルフ練習場を当たり、整体のためのスペースを貸してほしいとお願いしました。相手としても、もともと空いているスペースを貸すだけなので特にリスクもなく、賃料も入ります。そして整体を受けられることが付加価値にもなりますから、まさにウィンウィンの関係です。

ゴルフ練習場のオーナーとの交渉の末、月に1万円の賃料で、4畳ほどのスペースを借りられることになりました。私たちは中古のパーティションを買ってその空間の四方を囲い、施術台を持ち込んで、即席の出張整体院が完成したのでした。

私としては、自ら立てた戦略に自信はありましたが、それでもあまりに前例のない試みだったので、ふたを開けてみるまではどうなるか想像が付きませんでした。

いざ始まってみると、「練習前に筋肉をほぐしたい」「練習後の身体をメンテナンスしたい」と、お客さまはどんどんやって来ました。価格も特別に安く設定していたわけではなかったのですが、それでも客数は店舗に迫る勢いで伸びていきました。初期費用がほとんどかからず、運営コストも店舗よりはるかに安かったこともあり、純利益で見れば時に店舗を上回るほどで、期待以上の成果が出ました。

もし私たちが、経営の教科書通りの一般的な拡大戦略にのっとって店舗数を増やしていこうとしたなら、たとえどこを借りたとしても、いきなりこれほどの利益が上がることはなかったはずです。

個人的にも、流行を追いかけた過去の失敗を反省し、未常識の発想に立ち返ったからこそゴルフ練習場に出張整体院をつくり、経営を軌道に乗せるという前代未聞のアイデアにたどり着けたのだと思います。

こうして新たな収入の柱ができ、資金に少しずつ余裕が出てきたため、私たちは次なる一歩を踏み出すことにしました。

ゴルフ練習場は、スペースを借りるという点でこれ以上ない場所でしたが、その狭さから整体師が1人しか配置できず、施術できる人数にもおのずと限界がありました。また、地域におけるゴルフ練習場の数もさほど多くはなく、仮にそのすべてで営業を行ったとしてもお客さまの総数は限られます。

上場を目指すためには、やはり店舗展開が必要でした。これを逆から見ると、出張整体院は、新店舗を立ち上げるための資金づくりの場という位置付けだったともいえます。

とはいえこの時点でも、一等地に大きな店舗を構えるほどの資金的余裕はありません。本店と同規模の店舗を近隣に出すというのがせいぜいでした。それではインパクトが足りず、成長のスピードも限られ、上場にたどり着くまでどれほど時間がかかるか分かりません。

限られた予算で、一等地に店舗を出すのと同じほどの売上がつくれる店舗を、どのようにして形にするのか……。

ここでも、常識に縛られぬ新たな発想が求められました。

迷ったときは、前提条件に立ち返るのが私の習慣です。

多店舗展開の基本戦略として、どんな状況でも変わらずに採用すべきは何なのかを考えてみれば、まず人が集まる場所への出店というのは、私たちにとっての絶対条件でした。その理由は、整体業界の社会的地位を上げるという最終目標に近づくには、少しでも多くの人に整体院のすばらしさを体感してもらう必要があったからです。また、他者が集めたお客さまで商売をするというのも、コストを抑えるためには必須の条件に思えました。

するとやはり、店舗をつくるよりスペースを借りるほうがいい、という初期の結論に至り、思考は袋小路に陥りました。

来る日も来る日も、状況を打破するアイデアを考え続けていたのですが、未常識の種はなかなか見つかりません。

あるとき、頭を抱えている私を見て、友人が冗談交じりに言いました。

「一気に1000人も入れるような巨大なゴルフ練習所が近くにできてくれれば、すべては解決するのになあ」

それを聞いた瞬間、私に新たなひらめきが訪れました。ゴルフ練習場のような大きなスペースがあることに気づいたのです。

思わずそうか、と声を上げていた私を、友人は驚いた表情で見つめてからいぶかしげに言いました。

「まさか本当に、ゴルフ練習場ができるのを待つわけじゃないよな」

取り違えられた、社名

課題の解決策は、実は極めてシンプルなものでした。

ゴルフ練習場よりもずっと広いスペースを見つけ、そこで出張整体院をやればいいのです。

そして、人がたくさん集まり、かつ広いスペースを貸している場所として、すぐに私の頭に浮かんだのが、複合商業施設でした。

さまざまな種類の店舗が、いわば間借りする形で一つ屋根の下に集まっている複合商業施設であれば、すべての条件が満たされます。

そこにある程度の規模の店を出すことができたなら、きっと駅前などに新店舗を構えるより初期費用や運営コストが少なくて済み、しかも他者が集めたお客さまの来店も見込めるはずです。

ただ、一口に複合商業施設といっても、ショッピングセンター、アウトレットモール、駅ビルなどいくつかの形態が存在します。そのうちのどこにアプローチをかけるべきか、私たちはじっくりと話し合った結果、某大手グループのショッピングセンターに狙いを定めることにしました。

当時その大手グループは、ちょうど出店攻勢をかけている最中で全国に次々にスーパーやショッピングセンターを出していました。自らのブランドの食品や衣料品などを販売する一方で、巨大なフロアの半分以上をほかの会社に貸し出し、商業施設化しつつ賃料で大きな利益を出すその戦略は大いに成功し、破竹の勢いで伸びていました。もし大手ショッピングセンターへの出店が叶えば、自分たちもその成長の波に乗って全国に店舗を広げていけると期待できます。

また、大手ブランドの集客力は申し分なく、どこにできても人が大挙して訪れるような状況となっていました。加えてショッピングセンターの規模はいずれも大きく、買い物で歩き疲れたお客さまが体をほぐしたくなるというニーズもあると考えました。

ただし大手グループは、私たちのような零細企業からすれば雲の上の存在です。知名度のまったくない整体院に、優先して場所を貸してくれるようなことはまず考えられません。

それでも物事というのは、やってみなければ分からないものです。

私が大手グループ本社に電話をかけ、近隣のショッピングセンターでテナントを募集していないか聞いたところ、幸運にもテナント採用の担当者と会える運びとなりました。

あまりにうまくことが進みすぎ、私も友人も逆に怖くなりました。「好事魔多し」のことわざ通り、こういうときこそトラブルが一気にやって来るものですから、私たちは気を引き締めて、担当者との面談へと出掛けました。

受付で名前を告げると、会議室のような広い部屋に通されました。その後、さほど時を置かずに、「お待たせ！」と陽気な挨拶とともに男性が部屋に入ってきました。

彼が扉を閉め、私たちのほうに向き直った瞬間のことでした。にこやかだったその表情が一瞬にして固まりました。そして彼はまじまじと私たちを見ると、言いました。

「あなたたちは、誰ですか」

今度は私たちの顔が固まる番でした。

彼は一度部屋の外に出て室名を確認し、手帳を開いてスケジュールをチェックしたのち、やはり納得のいかない様子で話しかけてきました。

「R株式会社の方ではないですよね、お部屋はこちらで合っていますか」

私たちは受付の女性にこの部屋に通されたことを彼に告げました。

「そうですか、少しお時間をいただけますか、確認しますので」

しばらくして戻ってきた彼は、申し訳なさそうに言いました。

「ごめんなさい、私のほうで別の会社とあなたたちの社名を、間違ってしまいました。本当にすみません」

そこで合点がいきました。私たちのような無名の事業者がすぐに担当者とつながった理由は、ただの勘違いだったのです。その場はなんとか愛想笑いを浮かべつつも、私たちは落胆を隠せませんでした。

するとそれを見てさすがに気の毒に思ったのか、

「こちらのミスですし、せっかくお越しいただいたのですから、お話はおうかがいしましょう」

そうして席に座るよう促してくれたのでした。

ショッピングセンター内で整体院を営業

どんな事情にせよ、担当者に直接話を聞いてもらえるなど千載一遇のチャンスです。私たちは必死になってビジネスモデルを語り、ショッピングセンターの集客にも貢献してみせると豪語し、なんとか相手の関心を引こうとしました。

しかし担当者の反応は、さほど良くありませんでした。

「整体院ねえ。今までそうしたテナントが入ったことがないから、反響が想像できないんですよ。ゴルフ練習場の話は確かにユニークですが、うちとは環境が違いすぎます。率直に言って、現段階で常設のテナントスペースをお貸しするのは難しいです」

再び気落ちした私たちに、彼はおもむろに言いました。

「ただ、あなたたちの熱意はよく分かりました。整体ができるのは、うちのお客さまからしてもマイナスではありません。確か今、エスカレーターの横にあるスペースが空いていたはずです。4畳ほどの広さですが、それでよければやってみたらどうですか」

思わぬ一言に、耳を疑いました。スペースとしてはゴルフ練習場と変わりませんが、それでも大手企業のショッピングセンターへの出店には違いなく、その実績は無名の会社が何よりも欲しい信用へとつながるものです。

もし担当者が社名を取り違えなければ、間違いなく会ってはもらえず、出店も叶わなかったはずです。友人のもつ強運に、私は震えました。

私はこれまで、上場に至る会社をいくつか見てきましたが、創業期や成長期にこうしたドラマのような幸運が起きた経験をもつ経営者は少なくありません。ただ、これを逆から見れば、いつ幸運が訪れてもそれをしっかり活かせるよう状況を整えていたからこそ、波に乗っていけたのです。結局は、誰かを幸せにしたいと願い、そのための日頃の努力を怠らない経営者のもとに、時に信じられない幸運が訪れるのだと私は感じています。

こうして大手のショッピングセンターに、パーティションと施術台が置かれ、出張整体院ができました。正確な記録がないので断言はできませんが、この時点ではおそらく全国初の試みだったと思います。

一つの店でより大きな利益を出すという当初の予定からはそれてしまいましたが、私たちはとにかく与えられたチャンスを活かすべく、チラシを配り、呼び込みをして、必死に営業活動を行いました。ショッピングセンターには1日に数万もの人が訪れていましたから、声をかけ続ければお客さまは見つかりました。

開業して1週間ほどで、ショッピングセンターでの営業は軌道に乗りだし、お客さまで埋まるようになりました。時に順番待ちが出るほどの盛況ぶりで、売上はすぐにゴルフ練習場を超えました。

そこから数カ月は、どちらかが毎日そこに通って、出張整体院の営業に精を出していました。すでにリピーターとなってくれているお客さまが何人もいて、私たちは大いに手ごたえを感じていました。

そんな様子を、テナント採用の担当者は見ていてくれたのだと思います。

「君たちは意欲的だし、売上も順調なようです。実は、昨日テナントが一つ空いたのだけれど、もしやる気があるなら、そこで勝負してみますか？」

私たちはもともとそのつもりでアプローチしたわけですから、まさに願ってもない話でした。

なお、その大手グループをはじめとした有名ショッピングセンターの多くでは、テナントの賃貸契約に当たり、売上歩合制を採用しています。賃料の最低保証はあるにせよ、それ以上の部分は売上の10％や15％といった金額を納める契約となります。各テナントの売上が伸びるほど事業主の収益もよくなるため、事業主としても本気になって営業や宣伝活動といった支援を行い、ともに成長していくことを目指します。テナントとしても、最低保証の金額さえあれば営業を続けていけますから、資金力に劣る中小の事業者であってもチャレンジできるというのが、この契約のメリットです。

私たちとしても4畳のスペースながらすでに実績ができ、お客さまも付いていましたから、歩合制は望むところでした。

私たちはぜひやらせてほしいと答え、その瞬間から、事業は新たなフェーズへと進み始めます。

立ちはだかった、二つの壁

私たちが店を構えることになったのは、3階にある小さなスペースでした。そこに施術台を2台並べ、受付や待合所などを設けたのですが、その内装は基本的にパーティションで区切っただけのシンプルなもので、そこまでコストをかけませんでした。

ショッピングセンターのお客さまは、本格的に心身を治療したいというより、マッサージを受けてリラックスしたいというニーズのほうが強かったため、整体より「リラクゼーション&マッサージ」というフレーズを強く打ち出すことにしました。

こうしてオープンした店の経営は、すぐに軌道に乗りました。出張整体院としてすでに顧客をつかんでいたことに加え、予想通りショッピングセンターと整体との相性がよかったというのも、成功した理由だと感じます。

とはいえそれは結果論にすぎません。当時、私たちと同じやり方をしている同業者は皆無であり、前例もなかったので、オープン前にはずいぶん不安もありました。未常識に挑むなら、常に不安はついて回ります。負債を背負って事業を始めるような場合にはなおさらです。しかし当然ながら、それを乗り越えた先にしか成功はありません。不安に押しつぶされないためにも、とにかく動き続け、現状を少しでもより良く変える努力をするのが大切だと思います。

テナントが繁盛したことにより、資金は順調に貯まっていきました。3度の経験を通じてコストを抑えた開業のノウハウが蓄積され、自分たちのやり方も固まってきました。日本有数のショッピングセンターでの成功という実績も大きな武器となるものでした。

条件がそろい、ライバルもいない今こそ、拡大のチャンスだと私たちは考えました。

そしてここから、ついに本格的な店舗展開へと乗り出します。

狙うは、大手企業を中心とした全国のショッピングセンターです。すでにビジネスモデルは出来上がっていますから、あとはどれだけの勢いで店舗を増やせるかが勝負でした。ただし、お金を借りてやみくもに増やすようなことはしませんでした。いくら実績ができたとはいえ、友人の会社は設立してから日が浅く、銀行からの融資は期待できませんでしたし、私としても無借金経営が信条です。

手元の資金は以前より増えたとはいえ、一気に何店舗も出店攻勢をかけられるほどの余裕はありません。かといってこのチャンスを逃すわけにはいかず、ライバルたちが参入する前に独占体制を築くべく、ある程度のスピード感をもって拡大していく必要がありました。

そんな資金の問題に加えてもう一つ、私たちの前に現れた壁が、人手不足でした。

整体師はいわばその店舗の顔であり、お客さまは店というより担当の整体師を気に入って、リピーターになります。ですから運営においてまず重要になるのは、整体師の技術力やコミュニケーション能力でしたが、そもそも当時は整体師の数が少なく、優れた人材はなかなかいませんでした。

さらに使える人件費には限りがあり、キャリア豊富なベテランに来てもらえるほどの待遇は用意できません。必然的に、若くてそれなりに技術がある人を探すことになりますが、そう簡単には見つかりません。

資金の壁、そして人材不足……。事業拡大を阻む2大要素が、私たちの前にも立ちはだかったのでした。しかもできるだけ時間をかけず、解決の道筋を付けねばならないという条件付きで、まさに無理難題です。光を見つけるには、常識の枠を超えたまったく新たな発想が必要でした。

資金の問題と人手不足は、一見すると別々の課題に思えますから、資金は資金、採用は採用と分けて対処しようとする人がほとんどだと思います。実際に私たちも、最初はそれぞれの解決策を探っていたのですが、このときはその糸口すら見えず途方にくれました。

ある日のこと、最寄り駅からショッピングセンターの店へ、考え事をしながら歩いて向かっていたところ、私は道を間違えてしまいました。それほど頭のなかは、整体院の問題でいっぱいだったのです。

子どものはしゃぐ声が聞こえてふと顔を上げると、見知らぬ場所にいました。道の奥には小さな公園があり、そこでは幼稚園児と思われる子どもたちがにぎやかに遊んでいました。引率の先生と思われる大人もその輪の中にいて、子どもと一緒に笑いつつも油断なく目を光らせています。

そういえば幼稚園は、どうやって園児を確保しているのだろう、先生の数は十分にいるのだろうか。そんな疑問がふと思い浮かんだ次の瞬間、ひらめきました。

私はその場で友人に電話をかけ、緊急で相談があると伝えたのでした。

整体の学校をつくり、課題を一気に解決

整体の学校を開いてみるのはどうかと私のアイデアを話すと、友人は驚いた様子でした。続けて、なぜ学校をつくることが問題の解決になるのかを説明しました。

学校で生徒を取れば、授業料が毎月入ってくるので資金繰りがぐっと楽になると思うことを伝えました。しかもそこで自社が欲しい人材を育てるような実践的なプログラムを展開すれば、即戦力となる人材がどんどん出てきます。その人たちに、卒業後自社に入ってもらえれば、人材不足も解消できるはずだと伝えました。

私の提案を前に、友人はしばらく考えてから言いました。

「学校って、いったい誰が先生になるの。そもそもそんな簡単に、学校がつくれるものかな」

当然の疑問ですが、すでに私のなかでは、一枚の絵が完成していました。

整体師になるには国家資格がいらないというのは、すなわち教える側にも特別な資格は必要ないということです。また、友人の技術はお客さまから高く評価されており、そのレベルの高さは折り紙付きでしたから、それを教え伝えていくことにも意味があります。

問題は、まったく無名の整体学校に、果たして生徒が入ってくれるかでした。人を呼ぶのに広告宣伝費をかけてしまうのは本末転倒です。仕組みや仕掛けによって注目を集めるしかありません。

そこで私たちは、特定のカリキュラムをこなせば、必ず自社で採用するという点を宣伝文句としました。生徒の側からすれば、せっかく技術を身につけても果たして働く場があるのかというところに大きな不安があります。それを払拭する仕組みです。

また、「学びながら働ける」をキャッチフレーズに、お客さまの了解を取ったうえで生徒たちにもどんどん現場研修に出てもらい、実践的に技術を身につけていく方針を取りました。そのうえで、生徒たちは自らが研修を行った店舗に就職することができるようにしました。そうすれば、見ず知らずの店に飛び込んでいくよりも気持ちがずいぶん楽なはずです。

知名度やブランド力がない私たちは、そうして「将来の安心感」を武器に、少しずつ生徒を集めていきました。

なお、友人には人を教え導く才能があり、彼がつくった教育カリキュラムをしっかり学べば、早くて3カ月、遅くとも1年以内には、整体師として現場に立っても遜色ない実力が得られました。そうして短期間で続々と整体師が誕生した結果、資金の問題も人手不足も解消されていったのでした。ここで満を持して、私たちは多店舗展開に乗り出すことができました。

なお出店先は、これまでの実績がものをいい、さほど苦労せずとも見つけることができました。最初は同じ大手グループに絞って進めていましたが、のちに他社のショッピングセンターへも進出していくことになります。今でこそ、どこのショッピングセンターにも整体院が入っていますが、当時はまだまだ珍しく、市場は独占状態でした。私たちは、まさに未常識をつかみつつあったのです。

ただ、こうして順調に店舗を増やしていくなかで、思わぬ死角が見つかりました。学校の生徒が増え、整体師の供給体制は十分にできていたのですが、今度は生徒を教える先生の数が足りなくなったのです。

このバランスを取るのにはかなり苦労しました。一時はそれが壁となって事業拡大のペースが落ちたほどで、どうにかする必要がありました。

事業のあり方を見つめ直して見えた、新たな道

事業というのは、新たなフェーズに進むたびに課題が現れてくるものです。学校の先生不足という問題は、実は氷山の一角にすぎませんでした。ほかにも、店舗におけるマネジメント層の不足や、営業マン不足など、さまざまなところで人材が不足してきました。

その原因はひとえに、すべてを自分たちでやろうとしていたことにあります。規模が小さなうちは、友人が先生をこなし、店舗もマネジメントして、私が営業に出ればそれで事足りていましたが、店舗が増えるに従って2人の力だけでは追いつかなくなり、新たな人材が必要になったわけです。

ここで一度、人材がそろうまでは事業の拡大を止めるという選択肢もありましたが、そ

うして立ち止まっている間にライバルが出現すれば、シェアを奪われてしまいます。できる限りのスピードで店舗を増やすというのは、最重要課題でした。

そこで私たちは、事業のあり方を根本的に見直すことにしました。

そもそも友人はお金を儲けたくて事業を始めたのではなく、自分が有名になるために上場を目指しているわけでもありません。事業の最終的な目的は、整体師の社会的な地位を上げ、若者が憧れるような職業に変えていくことです。店舗を増やすのも、あくまでその目的を達成するための手段にすぎません。

そう考えれば、組織を大きくするというのは絶対条件ではないといえます。そうして自分たちだけで組織を広げていくという発想をいったん手放すと、新たな道が見えてきました。それこそが、フランチャイズ方式でした。

私たちがこれまで培ってきたノウハウを伝え、サポートする代わりに、加盟店からロイヤリティをもらうという手法であれば、自分たちで店舗を増やさずとも目的に近づいていくことができるはずです。当時はフランチャイズのコンビニエンスストアがどんどん建っていた時代であり、それによってコンビニ業界も成長を続けていました。それを整体業界でも実現できれば、そのインパクトは計り知れません。

ただ、その頃のコンビニ業界におけるフランチャイズ展開は、トラブルがつきものでした。本部とオーナーの関係性が悪化し、裁判沙汰になって新聞をにぎわすようなことがよく起きていました。

その表面だけを見れば、フランチャイズ方式は大変そうだからやめたほうがいいのではないか、と考えるのが普通です。しかしそれでは、未常識はつかめません。

本部にとってのお客さまであるオーナーからのクレームが多いというコンビニ業界の現状を聞いたとき、私はむしろフランチャイズ方式に可能性を感じました。クレームの裏にはチャンスが潜んでいることがよくあるからです。

クレームの裏には、チャンスが潜んでいる

エステ業界を例に取ると、いちばん多いクレームは脱毛に関するものだったといいますが、それはすなわち脱毛へのニーズの高さ、期待の高さの表れと取ることもできます。そして自社でそのクレームを解消できたなら、一気に顧客を増やせる可能性があるのです。

私はコンビニ業界を観察して、まずオーナーからのクレームの内容や、どんな点で意見

が食い違うのか、何が問題なのかをリサーチしていきました。

儲からない、休みが取れない、言う通りにしたのにうまくいかない、支援が足りないなど、オーナーの不平不満を細かく拾えばきりがありません。こうした場合には、一つひとつその解消法を探すより、不平不満の根本には何があるかを見極め、それを解消することを目指すのが最も効率的です。

オーナーたちの悩みの種は、経営がうまくいかないことに尽きます。順調なら文句を付ける必要などないわけで、あらゆるクレームは経営不安に端を発しています。

一方の本部は、自分たちの仕事はあくまでサポートであり、最終的にはオーナーに経営責任があるという姿勢でいます。これはオーナーからすると「私たちのノウハウを使えば成功するはずなのに、それができないのはあなたに問題があるからだ」と言われているのと同じですから、関係性が悪化するのもうなずけます。

こうした構造は、結局のところオーナーが安心して経営できる環境を本部がつくっていないからこそ生まれるものであるというのが、私の結論でした。したがってオーナーが安心して経営できる環境をあらかじめ用意しておけばトラブルは回避できるはずです。最初からウィンウィンの関係を構築できれば、契約をしてよかったと言ってくれるオーナーが増え、そのぶん自分たちの評判が高まって新たな加入者も増えるという成長のサイクルに入ると私は見ていました。

そして友人とともに考案したのは、それまでのフランチャイズのセオリーからはおよそ外れた、まったく新しいやり方でした。

どんなものかというと、まずは自分たち（本部）が1年間テナントを運用し、実際に利益を上げます。そして成功したテナントに関してのみオーナー募集をかけ、引き渡すのです。

オーナーからすれば、すでに利益が出ることが証明されているテナントを引き継ぐわけですから、そのままの状態で続けるだけで確実に儲かるという安心感があります。本部としては1年間にわたりテナントを育てるという手間がかかりますが、利益さえ出ていれば特にリスクはありません。

こうしたウィンウィンの関係をつくる前提として、本部に利益を出す店をつくる能力がなければなりませんが、その点は心配していませんでした。それは自分たちの経営手腕に自信があるというよりも、ここまでつくり上げてきたビジネスモデルが優れたものであると確信していたからです。

実際に、私たちが手掛けたテナントは次々に成功し、オーナーに引き渡されていきました。加盟店は着実に増え、気づけば全国各地にフランチャイズの輪が広がり、ロイヤリティによる収入で事業はより大きく成長しました。そして、ゴルフ練習場に出張整体院をつくってから5年の月日が経った頃、友人の会社はついに、上場を果たしたのでした。

上場セレモニーで友人が鳴らす鐘の音を聞いたときには、これまでの日々が走馬灯のように頭をよぎり、思わず目頭が熱くなりました。

「夢が叶ったよ。本当にありがとう」

友人からそんな言葉をもらったときには、こらえきれずに泣きました。

こうして私たちは、未常識をつかみ、ともに一つのブランドをつくり上げることができました。この経験を通じ、私はほかの誰かが始めた事業をともに育てていく喜び、すなわちコンサルティング業の魅力を知りました。以来、自分で事業を起こすだけではなく、コンサルティングにも力を入れるようになっていきます。

この事例を通じていえるのは、ゴルフ練習場やショッピングセンターなど、当時は整体業界とまったく関連性のない（と思われていた）業界にアプローチし、いわば異業種とのコラボレーションが成功のきっかけとなったということです。

業界自体がレッドオーシャン化し、競合がひしめくような状態であるなら、そこになんとか踏みとどまり生き残ろうとするより、異業種に新たな可能性を求め、未常識を探すことです。過去の前例に縛られることなく、むしろこれまで誰も考えたことのないような業界にどんどん進出していけばよいのです。

第4章

日本のスポーツにはビジネスチャンスが多く眠っている　サッカーのクラブチーム所有で地域を巻き込む生涯スポーツに

~リアルで強固なプラットフォームづくり~

ボランティアのコーチとなり、サッカークラブを立ち上げる

私はこれまでさまざまな業種で事業をつくり、育ててきましたが、なかでも最もユニークなものの一つが、サッカーチームの運営だと思います。現在は、幼稚園児から小学3年生までを中心に育成し、数十人の選手が所属する「ＨＩＭＡＷＡＲＩスポーツアカデミー」の代表を務めるのに加え、スペインのクラブチームの運営にも関わっています。

国内のスポーツビジネスの市場規模は15兆円にも上るといわれますが、サッカーだけに絞ればその市場は決して大きいとはいえず、トップリーグであるＪリーグのチームですら赤字運営が多いことなどから、サッカービジネスは収益化が難しいといわれています。

そうした状況にもかかわらず、私がサッカーチームの運営に取り組むようになったのには理由があります。

すべての始まりは、息子が幼稚園の習い事として地域のサッカークラブに入ったことでした。息子は楽しく通い、サッカーにはまっていったのですが、そのクラブは幼稚園児しか受け入れておらず、小学校に上がるタイミングでクラブも卒業という形になりました。

しかし子どもたちに加え、親たちも仲良くなっていたので、小学校でばらばらになって

しまうのは寂しい、どうにかサッカーを続けられないかという話が出てきました。そして、別にサッカークラブに所属せずとも、定期的に集まってみんなでサッカーをやればいいという結論になり、誰かコーチをしてくれる人はいないかと候補を探すなかで、最終的にサッカー経験者である私に白羽の矢が立ちました。

私としても子どもたちにサッカーを続けてほしかったので、自分が一肌脱ぐことでそれが叶うならと、引き受けることにしました。それで2007年の春から、毎週末に近所のグラウンドを借りて子どもたちを指導するようになったのですが、せっかくなら本格的に教えたかったので、私は仕事の合間を縫ってサッカーの指導法を学びました。ただ、その時点ではあくまでボランティアにすぎず、メンバーも息子とその同級生に限られていました。

こうしてスタートした青空サッカー教室は思いのほか好評を博しました。そして3年ほど過ぎた頃には、息子の後輩の世代の親たちからもぜひ指導をしてほしいという声が上がり、相談を受けるようになりました。

当時、私が指導していたのは小学3年生のチームでしたが、1年生、2年生の面倒も見てほしいということで、他学年の参加希望者は増える一方でした。

そこで私のほかに誰か、子どもたちにサッカーを教えられる人がいないか探してみましたが、残念ながら見つかりませんでした。必然的に、すべての生徒を自分が見ることになるわけですが、もしチームの規模を大きくすれば、その指導や運営にはかなりの時間を取られるのを覚悟しなければなりません。週末だけグラウンドを借りるようなやり方では間に合わず、平日もクラスをつくることになりますし、私をサポートしてくれる人材も必要になります。

それを効率的に成し遂げていくには、ルールや仕組みに基づいた組織運営が求められるのは明らかでした。

私は親たちと相談のうえ、本格的にクラブチームを立ち上げることにしました。

こうして生まれたのが、「ＨＩＭＡＷＡＲＩスポーツアカデミー」です。

それまでは遠征やグラウンドレンタル費用など、必要になればその都度保護者たちからお金をカンパしてもらっていましたが、クラブチームにしてからは会費制にして、そこから必要経費を捻出する形にしました。私も指導者としてこの活動に本腰を入れるため、そこから指導料をいただきます。ただ、私はお金を儲けたくてこのチームを始めたのではありません。あくまで息子を含む子どもたちのためです。会費を高くしては裕福な家庭の子どもしか入ってこられないため、赤字にならないぎりぎりの価格に設定しました。

チームの理念としては、クリエイティブでたくましい選手の育成を基本目標とし、利益追求ではなくサッカーを通じて子どもたちの成長を促す学びの場を提供すると定めました。技術の習得はもちろん大切ですが、あわせて内面を育み、のちの人生に役立つような経験をしてほしかったからです。

その一方で、ハイレベルなサッカー環境を望む選手であっても満足できるような環境をつくるつもりでもいました。どうせやるなら、プロ選手を輩出するようなレベルのチームを目指そうというのは、設立当初から考えていました。それくらい本格的なほうが、関わる人みんながわくわくできると思ったのです。

なお、チームレベルを上げるにはまず指導者の質を高めねばなりません。私はさらに勉強を重ね、サッカー指導員のライセンスの取得を目指しました。

しかしその過程で、私は日本のサッカー指導の常識に違和感をもつことになります。

サッカーコーチの社会的地位の向上を目指す

日本でサッカー指導員になろうと考えたなら、日本サッカー協会が認定するサッカー指導者のライセンス取得を目指すのが一般的です。最上位の公認S級コーチはプロサッカーの監督を務められるレベルで、以下A級からD級まで5段階に分かれています。そして指導者の世界ではこのライセンスの等級がものをいいます。

ライセンス制度自体は、秩序を保つために必要であるとは思うのですが、問題はその教科書に定められた指導内容にあります。端的に表すと、「ライセンス取得を目指すならこの教科書にあること以外は教えてはいけない」というニュアンスが強かったですし、創造的なプレーを引き出すより少しでもミスを減らすような指導法が中心でした。そうしてすべてを型にはめるようなやり方は、いかにも日本的であると感じます。

結果がすべてのプロの世界ならいざ知らず、私が指導するのは幼稚園児や小学生の子どもたちです。彼らに必要なのは戦略戦術よりも、それぞれの個性を伸ばし、才能を育むことだというのが私の考えです。しかし当時の教科書では、そうした選手の個性を引き出すような指導法に関してほとんど述べられておらず、選手を将棋の駒のように動かすシステム論ばかりにページが割かれていました。あくまで過去の話であり、個人の感想ですが、ライセンス制度にのっとって選手の育成をしても、つまらない選手しか生まれないと思います。誤解を恐れずにいうと、指導員が日本の指導法の常識に縛られていることがサッカーの進化を遅らせ、ヨーロッパに大きく水をあけられている原因の一つと考えられます。

私はB級ライセンスを取得中の段階で見切りを付け、あとは自らの理念に基づいた指導法を自分で組み立てていくことにしました。それと並行して進めたのが、私以外の新たな指導者の採用です。

日本では、特に子どもたちにサッカーを教えるプロのコーチの数が少なく、サッカーのすそ野の広がりを阻む一つの壁となっています。ジュニアユースなど一部の選手を除き、ほとんどの人は幼稚園や小学校の地域のクラブチームでサッカーと出会いますが、そこでコーチを務めるのは、私の場合と同様にサッカー経験のある保護者であり、基本的にはボランティアです。中学校、高校に進んでも、サッカー名門校でもない限りは先生が指導に当たります。そうして専門的なサッカー教育を受ける場がごく限られていることで、時にすばらしい才能をもった選手が埋もれ、サッカー界のボトムアップもできないのです。

本来であれば地域のクラブであっても、サッカーを専門に教えるプロのコーチに任せるのが理想的ですが、実はそうした人材はほとんど存在していません。

なぜかというと、その理由は明確で、社会的保証がないからです。

たとえJリーグのチームの監督になったとしても、その雇用形態はほとんどの場合1年契約制であり、結果を出せなければ解任されます。選手たちよりもはるかに厳しい世界であり、ライセンス保有者のなかでも監督として食べていける人はほんの一握りにすぎません。

かといって地域のサッカー教室で生計を立てたくとも働き口がほとんどないのが現実です。日本では、子どもたちにスポーツを教えるのはボランティアまたは低報酬であるのが当たり前という風潮があり、お金をかけてでもプロのコーチを雇おうとするような地域はごく限られています。

運よく働き口を見つけたとしても、その報酬は高いとはいえず、いつまで働けるかも不透明なことも多く、将来の見通しは立ちません。ですからせっかく指導員のライセンスを取っても、それを活かす場がなくほかの仕事をしている人が数多く存在しています。これはサッカー界だけにとどまらず、あらゆるスポーツにおいて似たような状況になっています。

こうした現状を解決するには、まずコーチの社会的なステータスを上げる必要があります。米国ではコーチが職業として認められており、例えば高校バスケットのコーチであっても年収1000万円を超えるようなケースが珍しくありません。高校の側も専門のコーチを雇うことを惜しまず、地域企業がチームのスポンサーに付くなどして、コーチの収入を支えています。

日本のスポーツ界も、米国のようにコーチという仕事に敬意を払い、職業として成り立つような環境をつくっていかねばなりません。それが選手層のボトムアップにつながることは明らかで、そうして自国のチームが強くなれば人々の関心も高まり、市場が拡大していきます。

そうした発想から、HIMAWARIスポーツアカデミーでは専属コーチを雇って指導に当たってもらっています。コーチたちは私の経営する会社と社員契約を結び、月々の給料を得ています。現在は8人のプロコーチが所属しており、今後もチームの拡大に合わせて増えていくはずです。

チーム運営に金融の仕組みを融合

なお、プロのコーチを雇い給料を払い続けるには、当然ながら原資が必要です。日本において、スポーツのすそ野を支えるアマチュアチームの運営の原資はほぼ会費ですが、それを高く設定すれば誰もが参加できるアマチュアチームではなくなるため、基本的には安く設定されています。だからこそコーチをはじめとした運営陣をボランティアに委ねなければならず、それではいつまで経ってもスポーツ界のボトムアップはできません。

プロのコーチを雇うのに十分な原資を用意するには、チーム運営を一つのビジネスとしてとらえ、持続的にお金が回る仕組みをつくる必要があります。現在の日本のスポーツ教育は学校教育がベースでありビジネスになっていませんが、その常識を変えた先に、業界の未来が広がっていると私は考えています。

ここからもう少し踏み込んで、地域のクラブチームをスポーツビジネスとして成立させるためのポイントを解説していきます。

まず考えねばならないのは、地域や企業との連携です。

世界の先進国に目をやると、地域の組織や企業がクラブチームのスポンサーをすることは日本よりも多いなと感じます。たとえボランティアだろうとクラブ運営に経費は必ずかかりますので、まずはスポンサーを探すというのが事業化のための基本的なアクションとなります。

このあたりのノウハウは、実はJリーグやプロ野球チームのそれとなんら変わりません。地域活性化や広告宣伝効果といった、スポンサーにとってのメリットを用意することが求められます。例えば家族世帯を呼び込みたい自治体なら、地元のクラブチームが有名になれば、それが移住者を増やす一つのきっかけとなります。また現在の日本では難しいですが、仮に高校野球でスポンサードが容認されれば、かなり大きな市場となるはずです。それほどとはいわずとも、全国区の大会で活躍できるチームの支援をし、そのユニフォームなどに自社名を載せることで知名度を上げたいという会社はスポーツ業界でいくつもあると思います。

スポンサー探しに加え、今ある原資も有効活用していかねばなりません。会費という形で月々まとまった金額が入ってくるのですから、ただそれを出し入れするのではなく、資産運用に回して利益を得るというスキームも考えられます。

実際に私は、証券会社時代に身につけた知識を活かし、HIMAWARIスポーツアカデミーで集めた会費の一部を運用して、その運用益をコーチたちの給料の原資としています。具体的には、2年間海外の複利商品に投資をして、増やしたお金を給料に充てるスキームを組んでいます。

金融の知識が求められるこのスキームを適用するのは一見難しく思えるかもしれませんが、金融機関や証券会社などの専門家の知識を借りれば実現できます。

海外のスポーツ界では、そうして資金の一部を運用に回すというのはすでに常識として定着しています。最も有名な例は、メジャーリーグです。

メジャーリーグでは、肖像権などのライセンス収入、テレビやインターネットの放映権などの収入が、「メジャーリーグ選手年金基金」に積み立てられ、運用されています。そのおかげで、選手たちは自ら掛け金や保険料を支払わずとも、引退後に年金が得られる仕組みとなっています。そして一度年金の受給資格を手にすれば、引退してから死亡するまでの間、ずっと年金が支給されます。この手厚い保証制度を可能にしているのが、積み立てた資産の運用益なのです。

日本においてスポーツ教育は学校教育をベースに行われており、ビジネスとしての市場はほとんど存在していません。しかしだからこそ未常識が眠っており、ベンチャー企業にとってもチャンスの多い事業領域であると私は考えています。

地域とともに成長する、欧米のスポーツクラブ

こうして私は地域のサッカークラブの運営を行うようになったのですが、息子をきっかけにさらなる転機が訪れたのは、それから数年後のことでした。

息子は幸いにもサッカーの才能があったようで、中学3年時にドイツのチームからオファーを受けてサッカー留学する運びとなりました。

そこで息子に同行し、私は新たな可能性と出会いました。

ドイツでは、オーケストラとサッカークラブの二つが、その地域の文化を表す存在として認識され、それらを所有しているのが自治体にとってのある種のステータスとなっています。地域の人々も、地元のオーケストラやサッカークラブに誇りをもち、積極的に応援してそれらを育てていきます。自治体も、例えば試合がある日にそのチケットを持っている人に対しては公共の交通機関を無料にするなどの支援を行っています。金融機関も協力

を惜しまないのが当たり前で、むしろ必要なサポートを行わないとその地域で事業をするのが難しくなるほどです。

こうしたドイツの文化がもし日本でも根付いたなら、スポーツ教育のあり方が大きく変わるのは間違いありません。コンサルタントとしても、地域とスポーツビジネスとの橋渡しをするような活動をしている人は国内にはほぼ見当たらず、先行者となれるに違いありません。そう考えると、私の胸は躍りました。そして帰国後、さっそく地域とスポーツビジネスを結びつける手段を考え始めました。

日本においては、1995年頃から全国に地域スポーツクラブがどんどんできてきましたが、そこで行われてきたのはボランティアを中心とした活動であり、事業という形にはなっていませんでした。ここにビジネスの概念を持ち込み、サービス業化することで収益性や持続性を高め、ひいては地域社会が成長するためのエンジンの一つに変えるというのが、私の目指すところでした。

こういうと大それたことのように感じる人もいるでしょうが、実際に世界ではそうして地域と密接に結びついたスポーツ事業を展開し、成功を収めている事例がいくつもあります。

例えばベルギーのプロサッカーリーグ1部に所属する「シント＝トロイデンＶＶ」は、東部にある人口4万人の地方都市シント＝トロイデン市をホームとするチームです。そしてこのチームの下部組織にはＮＰＯ法人があり、市民との橋渡し役を担っています。

ベルギーでは、プロサッカー選手が納めた所得税の8割がその所属クラブに還付されるのですが、その用途については、クラブまたはその傘下の団体が、21歳以下の若者のスポーツ環境への支援のために使うことが義務付けられています。シント＝トロイデンＶＶの有するＮＰＯ法人ではチームからこの税制度を原資とした投資を受け、地域の子どもを対象にしたスクール活動を行っています。そのほかに自治体からの補助金などを活用し、会費を払ってスクールに通うのが難しい子どもへの支援なども実施しています。

また、ＮＰＯ法人はグッズ販売や、ホームスタジアムの中にある飲食店の経営などの事業を担当しており、それがクラブの収益源ともなっています。スタジアムで試合が行われる際にも、運営スタッフの90％以上が有償ボランティアによって運営され、その給料はＮＰＯ法人から支払われる形です。さらにスタジアム自体が、ホテルやショッピングセンター、イベントスペース、オフィスなどと組み合わさった複合商業施設であるため、試合がない日でも市民が集まる憩いの場となっています。

この事例が典型的ですが、欧州のスポーツクラブには以下のような共通の特徴があるといわれています。

まず、スポーツクラブ自体は利益を目的とした事業でありながら、地域住民の生きがいや、子どもたちの社会教育の場になっているということです。そしてスポーツクラブが地域住民の誇りとなっており、自主的な支援や運営活動が行われています。さらには自治体も協力し、公共の施設や土地を有効活用できる環境にあります。地域住民たちは子どもの頃から低価格でスポーツに親しみ、生涯にわたって楽しむことができるとともに、スポーツクラブ自体もサービス業として成功を収め、毎年数億円規模の収益を上げるようなところも出ています。

なおスポーツクラブが地域社会の核として機能するには、そのための仕組みの構築が欠かせません。逆にいうなら、もし自身でこうした仕組みを考案し、スポーツ文化を広められれば、日本でも同様の展開が可能となるはずです。

スペインのチームを買収し、未常識な運営にチャレンジ

しかし、欧州のような文化を日本に根付かせるのは当然ながら簡単にはいきません。まずはとにかく国内でサッカーチームを一つ取得し、試行錯誤していこう。そんなふうに考えていた矢先のこと、思わぬ話が持ち上がりました。

知り合いの投資家がスポーツビジネスに興味をもち、「もしどこかのクラブを買収するつもりなら、その資金を出してもいい」と言ってくれたのです。

経営者として自己資本でやるなら多少リスクを取ってでも新たなチャレンジができますが、資金を出すオーナーのコンサルタントという立場で運営に関わるなら、必ず実績をつくらねばなりません。そうすると文化が未醸成である日本で実験的な取り組みを行うより、すでに地域で地元チームを応援する文化がある程度存在している海外の土地で事業のプラットフォームを構築し、それを日本風にアレンジして使っていくというやり方がベストであると私は判断しました。またせっかくトライするなら、世界が注目するサッカー大国で実績をつくりたいという個人的な思いもありました。

そこで世界に目を向けいろいろと調査していった結果、私が目星を付けた国がスペインでした。

スペインはいわずと知れたサッカー大国であり、世界で最も有名なサッカーリーグであるラ・リーガ・エスパニョーラには世界中からトップクラスの選手が集まっています。サッカー文化も古くから存在し、国民的スポーツとして愛されてきました。多くのスペイン人がサッカーをプレーするとともに観戦にも熱心です。若手選手を育成するためのクラブやアカデミーも豊富に存在し、指導者のレベルも世界最高峰です。

そんなスペインで、たまたま4部リーグ所属のチームが売りに出されていたのを見つけ、私はさっそくオーナーと相談のうえ調査に入り、最終的に買収する運びとなったのでした。4部リーグといってもJリーグでいえば、J2、3という存在です。トップリーグに直結するプロ集団です。

ただ、チームが売りに出されているという事実が示しているのは、地域とともに成長する仕組みが破綻したということです。そこで再び地域との絆を取り戻し、仕組みも再構築して運営を軌道に乗せるのが私のミッションであり、それが達成できたなら、そのノウハウをプラットフォーム化することで、きっと日本にも展開できるはずです。

一般的にいって、下部リーグのチーム運営における大きな目標となるのは、昇格だと思います。1部と上がっていき、その名を世界に知らしめることでファンを獲得していくというのは王道ではありますが、現実はそううまくはいきません。有名選手を獲得できる資本力もなく、せっかく育てた有望選手もほかに引き抜かれてしまえばそれまでという状況で、チーム力を高めるのは並大抵のことではなく、どのチームもそれができないからこそ苦しんでいるわけです。

ここで、前提条件を見直してみたいと思います。

事業の最終目的は、地域とチームが一つになって成長することであり、それは変えてはならぬ軸です。では、果たして1部リーグに上がらなければその目的が達成できないかというと、実はそうではありません。

私が発案したのは、あえて3部や4部リーグにとどまり、そこで育成した選手を他のクラブに売り込んで移籍金を得るという独自のビジネスモデルです。これなら資本力に劣るチームでも実践できますし、むしろ下部リーグにいるからこそ選べる戦略といえます。選手の立場からすると、才能があるのにキャリア不足などで埋もれる前に、下部リーグで試合にどんどん出て自分をアピールすることができます。実際すでに、有能な若手選手から移籍の打診もあり手ごたえを感じています。

また、選手たちがそれぞれ地域のサッカークラブのコーチを行い、より住民と密着したサービスを提供してコアなファンを増やすというのも目玉戦略の一つです。

そのほかにも、スペインのハイレベルなサッカー技術を学ぶ場を提供し、他国のチームと人材交流を行うなかで収益を上げるというやり方も考えられます。

私は実際に、チームと合わせて地域のホテルも買収し、チームの寮に変えています。そこを海外からスペインリーグにチャレンジしたい選手の拠点とするとともに、指導者がスペインサッカーを体験する場としても機能させる予定です。現在すでにＨＩＭＡＷＡＲＩスポーツアカデミーから、選手と指導者を何人か送り、そこでの経験を日本に持ち帰ってもらっています。

そうして世界各国から人を受け入れ、人材交流が進んでいくなかで、チームに利をもたらすような新たなビジネスチャンスもたくさん生まれるはずです。

スペインでのチーム運営はまだ始まったばかりですが、ここで新たなプラットフォームをつくり上げることが、いずれ日本のスポーツ界の常識を変えるであろう未常識を秘めた事業となると確信しています。今後も積極的に試行錯誤を続けていくつもりです。

優れたプラットフォームを生み出し、世界を変える

プラットフォームづくりに関してはもう一つ、力を入れている事業があります。それは、世界最高峰のカーレースである「Ｆ１（Ｆｏｒｍｕｌａ　Ｏｎｅ）」の運営元と協力し、車のエンジニアに対する教育プログラムのプラットフォームをつくり上げるというものです。

Ｆ１について改めて解説を加えておくと、数百万人のファンをもつ人気のモータースポーツです。世界中のレースドライバーがＦ１の舞台で走るのを目標の一つに据えるとともに、車を製造するメーカーにとっても、自社の技術力を示す最高の舞台となっています。

時速２００㎞から３００㎞という高速でコースを走り抜けるＦ１のマシンは、現代における自動車の技術の集大成といっても過言ではありません。最先端のエンジンはもちろん、サスペンション、エアロダイナミクス、ブレーキ、タイヤ、センサーなど、あらゆる点で最新のテクノロジーが使用されています。

そんなＦ１には、過去にホンダをはじめとしたいくつもの日本のメーカーも参戦し、存在感を発揮してきました。そうして磨いた技術力は、日本の自動車産業の発展にも少なからず寄与してきたはずです。

自動車産業は、いわずと知れた日本の基幹産業の一つであり、経済を支えてきました。その技術力の高さは世界でも折り紙付きですが、それにもかかわらず米国やドイツといった自動車大国に市場競争で後れを取ることがよくありました。例えばすでに世界で広まりつつある電気自動車を世界に先駆けて開発したのは日本だったのですが、そうして世界に誇る技術を生み出せる土壌があるのに、それを発信して事業化するのが苦手であり、結果として世界市場で主導権を握ることができませんでした。

そうした状況を憂えた人のなかに、日本におけるＦ１の興行権をもっているオーナーがいました。そして私に、「日本が今後、自動車開発で後れを取ることがないよう、何かアイデアを考えてほしい」という依頼があったのが、事の起こりです。

日本の技術開発力を維持し、それを世界で活用していくための起点として、Ｆ１のようなモータースポーツが有効なのは間違いありません。ただ、日本ではモータースポーツ自体の人気が落ち、Ｆ１の影響力も限定的になってきています。

そんな現状を打破するのは一朝一夕では難しく、次世代を担う若者たちへの教育から変えていかねばならないというのが私の結論でした。

それで提案したのが、Ｆ１公認の実践的教育プログラムの開発と、それに基づいたコンテストの開催です。具体的には、工業高校を中心に車づくりのための高度な教育プログラムを導入して技術レベルを高めるとともに、実際にF1のレーシングカーを開発してもらい、その性能を競い合うコンテストを行うという内容でした。

学びの集大成となるコンテストは、審査員にF1関係者を迎えたうえで、地区大会から始まり、全国大会、そして世界大会まで開催することがすでに決定しています。この「高校エンジニアワールドカップ」には、いくつかの工業高校が参戦を表明し、F1の教育プログラムの導入も進んでいます。もしコンテストで日本の高校が世界一に輝けば、自動車のエンジニアという職業に対しても注目が集まるきっかけとなると期待できます。

教育とコンテストがセットになったこのプラットフォームの最大の特徴は、それを実践する過程で、若い世代から新たな技術が誕生する可能性があるということです。利益を追求しなければならない自動車メーカーのエンジニアとはまったく違った視点から、最先端のレーシングカーをつくり上げていくなかで、世にない発想が生まれ、それがいずれ日本の自動車産業を支えるようになるかもしれません。現状で考えるなら、例えばバイオマスを燃料として走行するF1マシンが完成したなら、その技術は必ず一般的な自動車に転用できるはずです。そうして若きエンジニアが未常識をつかむためのきっかけとなるようなプラットフォームができれば、日本の自動車業界は世界に後れを取ることはなくなるはずです。

こうした事業においては、優れたプラットフォームをつくり出せたならたとえ個人であっても世界を変えられるというのが、大きな魅力といえます。そしてプラットフォームを利用する人が多いほど、それが世の中の常識となるのを考えれば、優れたプラットフォームを生み出す行為そのものが、未常識への挑戦なのです。

また、プラットフォームは一度つくれば終わりというものではありません。時代の先を読みながら常に改善を行い、新たなテクノロジーやサービスを柔軟に取り入れながら、ユーザーに価値を提供し続けることで、世に広めていけるのです。

第5章

再生エネルギー事業
中国でのトイレ革命はＡＩによる個人の健康管理と
社会の動きを先読みして未来の常識を創造する
～未常識な発想がつくる未来～

地球の未来を見つめ、環境のために動く

未常識をつかむには人間の心理に根差した本質的なニーズを探す必要があります。誰も気づいていないときにいち早くそうしたニーズをとらえるというのが、世の中を変えるための第一歩となるからです。

ただ、そうしたアプローチのほかにも、未来の常識を事業に取り入れる方法があります。

それは、人類共通の課題を意識することです。

このように書くと、大げさに聞こえかねませんし、「人類の課題解決ができるくらいなら、最初から苦労しない」と思う人もいるでしょう。

しかし私はなにも、人類を救おうといっているわけではありません。

人類共通の課題には、未常識のヒントが隠れています。そこに目を向けて事業をつくることでもチャンスが生まれるといいたいのです。

実際に私は、人類の課題のなかの一つに未常識を見いだしたプロジェクトともいえる地球温暖化に対するビジネスを手掛けています。

18世紀以降、文明の急速な発展に伴って、地球全体が温暖化してきました。石油、ガス、石炭といった化石燃料の燃焼により発生する温室効果ガスが地球を毛布のように覆い、太陽の熱を閉じ込め、気温が上昇してきたのです。

この温室効果ガスの代表格が二酸化炭素です。

ガソリン車に乗ったり、火力発電を行ったり、ごみを燃やしたり……私たちの生活のなかで、二酸化炭素はどんどん排出され、地球を暖め続けています。

温室効果ガスとされる二酸化炭素の濃度は年々上がっており、観測値のある１９６５年からでは２０１１年から２０２０年までの間が、観測史上最も気温が高い10年間となりました。

こうして平均気温が上昇していくとどうなるかといえば、ただ汗をかく量が増えるわけではありません。温暖化が進めば、私たちの文明は壊滅的な被害を受けます。

温暖化により起きる深刻な現象として、海面上昇、洪水、暴風雨、干ばつ、火災などがあります。これらによって地球上の至るところで飢えや疫病といった厄災が引き起こされ、人類の生存が脅かされます。

したがって温暖化の進行をいかに食い止めるかは人類全体の課題であり、二酸化炭素をはじめとした温室効果ガスの削減も急務となっています。

そうした背景から生まれた仕組みが、二酸化炭素を排出する量を定めたうえで、その枠を売買する二酸化炭素排出権マーケットです。

1997年に採択された京都議定書では、温室効果ガスの排出量を削減するための国際的な枠組みが定められ、加盟国は目標とする削減量を設定し、その達成に向けて必要な措置を取ることが求められました。そこで提唱されたのが排出権を取引する制度であり、そこから二酸化炭素排出権マーケットが形成され、排出権の売買が可能となりました。その後2005年に欧州連合（EU）が世界初の本格的な排出権市場である「EU排出権取引制度」を導入したことでさらに注目が集まり、現在ではいくつかの国や地域で二酸化炭素排出権マーケットが運営されています。

この世界的なルールでは国や企業は、それぞれに割り当てられた温室効果ガスの排出量に基づいて経済活動を行います。しかし割り当てられた上限の二酸化炭素よりも実際の排出量が多くなってしまったときには、他者から追加で排出権を買わなければならないというものです。逆に少なく抑えられたなら、余剰分の排出権を売ることができるというのがこの仕組みです。

一つ事例を挙げると、近年急成長してトヨタの時価総額を抜いたことで話題になった電気自動車メーカーのテスラは、二酸化炭素排出権マーケットから大きなクレジットを得ている企業です。自社の電気自動車から排出される二酸化炭素がガソリン車よりもはるかに少ないため、テスラは余剰の排出権を保持しています。一方でほかの自動車メーカーは、自社の車両が多くの二酸化炭素を排出することから、マーケットで排出権の追加購入が必要となることがあります。そこで売買が成立し、テスラにかなりの富をもたらしています。

とはいえ、こうした取引を行える市場の数は限られているのが現状で、加盟国も先進国ばかりです。ただ、地球温暖化対策は全人類で取り組まねばならない課題であり、今後は間違いなく新興国にもマーケットが広がっていくはずです。

そんな未来をいち早く予見し、動き始めている企業がすでにあります。ある大手クレジットカード会社は、東南アジアで二酸化炭素排出権マーケットを立ち上げるべくプロジェクトを進めています。それは、東南アジアにおける未常識をつかもうという取り組みにほかなりません。

このようなベンチャー企業では手に負えないほどの規模のプロジェクトであっても、最初から無理だろうとあきらめてしまってはいけません。なにも自らすべてを仕切る必要はなく、プラットフォームづくりや知見の提供といった部分だけを担い、拡大や世界展開についてはは大企業に任せればいいのです。それでも十分、世界を変えられます。

AIトイレで新たな市場をつくる

ＥＵの二酸化炭素排出権マーケットで最も多くの排出権を購入してきた国が、中国です。ＥＵは中国が排出量を削減するための技術協力や投資を行うことを条件に排出権を購入しており、その額は1億5000万ユーロともいわれます。

こうした状況をなんとか変えようと、中国政府は積極的に温室効果ガスの削減に取り組んできました。例えば石炭の消費量の削減や、輸送の電動化、工場での省エネルギー対策の推進などです。そしてそのなかでも、太陽光や風力といった再生可能エネルギーの導入に力を入れ、世界最大の再生可能エネルギー市場が形成されています。

ただ、そんなエコロジカルな取り組みと相反するように、中国にはこれまで地球環境に負荷をかけ続けてきた存在があります。

それが、トイレです。

中国ではこれまで、主に公共トイレや農村地帯などにおいて排泄物の処理が不十分であり、そのまま地下水や河川などに漏れ出してしまうのが問題視されてきました。また、一部の地域では化学物質を使った便器洗浄剤や消臭剤が乱用され、これらの化学物質が地下水や河川に流れ込んでいました。こうしてトイレが、水質汚染の原因となっていたのです。そのほかにも、公共トイレが不足したり、あるいは衛生的に問題があったりして、観光客の足を遠ざける要因になりかねませんでした。

そこで中国政府が「トイレ革命」に乗り出したのは、２０１５年のことです。公共トイレの整備や管理体制の強化を行うとともに、トイレ関連企業の支援、衛生に関連した法整備の強化など、多角的に取り組みを進めてきました。

なかでも力を入れたのが、汚水処理システムの導入でした。

排泄物を直接川や海に流す前に、バイオテクノロジーを使って無害化するというこの技術は、実は日本で開発されたものであり、日本のバイオ会社がもっているものです。例えば中国の新幹線の排泄物はそうして無害化されたうえで排出されています。

また、近年出てきた中国の最新式のトイレである「ＡＩトイレ」にもこの汚水処理システムが使われています。現在は都市部を中心に3000カ所ほどAIトイレがあり、実験的に展開されています。それはどのようなものかというと、スマートフォンでQRコードを読み込むことで扉が開き、トイレの使用状況が蓄積されていきます。ゆくゆくは、自身の健康状態をモニタリングするような機能が搭載される可能性もあり、まさに次世代のトイレです。ちなみにこの開発には、中国の通信機器メーカーの雄であるファーウェイが主導的に関わっています。こうした中国のトイレ革命に、実は私も関わっており、日本のバイオ会社の技術を活かしたプラットフォームづくりを担当しました。例えば、養豚場で出た糞尿をバイオテクノロジーで無害化し、それで得られた成分を副産物として育毛剤を製造するなどです。いわば、排泄物がお金に換わるような仕組みを考案してきました。

ベンチャー企業の出口戦略は、売却だけではない

なぜ私が中国の国家的プロジェクトに参画したのかというと、バイオ会社の社長とつながりがあったからです。

その社長は、すでに10年以上前から汚水処理システムの研究開発を手掛けてきており、

すばらしい技術を完成させたのですが、それをどのように発信し、収益化すればいいかという相談を受けたのが、知り合うきっかけでした。

その時点で会社はすでに中国進出を果たしており、新幹線のトイレでの汚水処理に採用されていましたから、実績は十分で、私は大いなる可能性を感じ、中国だけではなく世界中で使えるようなプラットフォームの構築を進めてきました。

なお中国においては、政府の介入などもあって直接バイオ技術を売るようなことはできません。あくまで中国の企業の主導のもとで事業を行うしかなく、トイレ革命プロジェクトにおいてはファーウェイの協力企業という位置付けです。

ただ、逆にいうと技術とノウハウだけを提供してお金をもらい、そこから先の展開はすべてファーウェイに任せることができています。そしてファーウェイがつくった実績をもとに、他国へプラットフォームを持ち込むのも可能です。

実際に、今はスリランカのとある川を半年で無毒化するプロジェクトが立ち上がっています。スリランカではこの川を通じ月に14トンもの排泄物を海に流しており、環境汚染が懸念されています。

もしそれを止められたなら、インドや東南アジアといった近隣諸国でも同様の成果が期待でき、いずれは世界の常識となっていくかもしれません。そうなれば当然、バイオ会社は大きな収益を得て、ユニコーンとして羽ばたくに違いありません。

ベンチャー企業の経営では、出口戦略として事業売却が有力な選択肢になりがちですが、事業全般を手放さずとも、独自技術のみを大企業にうまく売り込めれば、それでさらに成長することができるはずです。

経営者は自らの利益を目的とはせず、世界をより良く変えるのを目標とし、それを叶えるまでは事業を手放さずに継続してほしいと願っています。

日本政府が推進する、データヘルス改革

人類共通の課題に加え、共通の願いもまた、いつの時代にも変わらぬ本質的なニーズといえます。

その代表格といえるのが、ヘルスケアです。

健康長寿でありたいという願いは世界共通であり、長寿国である日本では実際に80歳、90歳になっても元気に暮らしている人々が多くいます。その保健医療の水準は世界でも指

折りですが、経済成長の鈍化や人口減少、社会保障費の急増などによって財政が圧迫されてきた結果、保健医療制度の将来が危ぶまれています。これまでパッチワーク的な制度改正によって部分最適化を繰り返してきましたが、より長期的な視点に基づく変革が求められているといえます。

日本政府もただ手をこまねいているだけではなく、課題解決のために動き始めています。

その背景から見ていくと、日本では世界でも類を見ない速さで高齢化が進行し、２０５０年には人口の36％が65歳以上の高齢者となります。こうした現実を前に、保健医療制度を維持しつつどのように一人ひとりの健康寿命を延ばしていくかは、非常に重要な課題です。

解決のためにはテクノロジーの活用が不可欠ですが、これまでの日本の医療機関や介護施設では連携がうまく行われておらず、その前提として必要なデータが分散しており、効果的な活用ができていませんでした。例えば個人の健康診断結果や、病気で入院したとき、介護が必要になったとき、といった段階ごとの保険医療データがばらばらに管理されていては、総合的なデータを基にした有効な健康管理が行えません。

こうした状況を変えるために、政府としてはまず、「健康・医療・介護に関する国のあるべき姿」の検討を行い、「患者・国民に真に必要なサービス」を特定する必要があるといいます。そして、こうした理念やビジョンに基づき、膨大な健康・医療・介護のデータを整理し、徹底的に収集・分析して、これからの健康・医療・介護分野のＩＣＴの利活用が「供給者目線」から「患者、国民、利用者目線」になるよう、ＩＣＴインフラをつくり変え、健康・医療・介護施策のパラダイムシフトを実現していくと述べています。

そして、ビッグデータのプラットフォームを構築し、健康・医療・介護のビッグデータの分析により、実効的なデータヘルスの推進を図ることで、国民がヘルスケアを行いやすい環境をつくっていきます。同時に、予防医療の促進や生活習慣病対策、新たな治療法の開発や創薬、医療経済の適正化、介護負担の軽減や介護環境整備などを効率的に行うために、自治体や医療機関などが保有するデータを有機的に連結した情報システムも整備するとのことです。

このようなシステムの構築は、日本のＩＴ史上でもまれに見る大規模なプロジェクトであり、もし実現すれば世界初の大規模なヘルスケアのＩＣＴインフラとなるはずです。そのために政府は厚生労働省内に「データヘルス改革推進本部」を設置し、さまざまな角度から検討を行っています。

中国のＡＩトイレや、政府によるデータヘルス改革など、近年はヘルスケアの領域でもテクノロジーの導入が進み、そのあり方が大きく変わりつつあります。

例えばＡＩによって医療現場で収集された大量のデータを分析し、疾患の早期発見や、予防につなげられます。ＡＩは医師の診断や治療のサポートも行い、作業効率の向上が期待できます。また、日常においてもウェアラブルデバイスなどを用いて、睡眠や運動量、心拍数など自身の健康管理に必要なデータを収集し、ＡＩで分析して健康管理に役立てることもできます。

テクノロジーを活用したヘルスケアは今後もさらに発展し、それにより医療界の常識が覆されるはずです。ヘルスケアの分野にも、未常識の種がいくつも眠っていると私は考えています。

世界を席巻する、ヘルステック企業

実は私はこれまでもヘルスケアの分野には着目してきており、過去には関連事業も手掛けてきました。

「水素水」という名前を聞いたことがある人は多いと思います。

水素分子のガスが溶け込んだ水であり、それを飲んでヘルスケアを行うというのが一時、ブームとなりました。人間の細胞を錆びさせて老化やがん化の原因となる活性酸素を除去する働きが水素にはあり、それを水に溶かして身体に取り込むのが健康にいいといわれ、芸能人をはじめ多くの人が実践したのです。

日本に水素水が入ってきたとき、その権利を買った経営者から、「どのようにして世間に広めればいいか、アイデアが欲しい」と相談を受けたのが、私と水素水の出会いでした。

そこで、通信販売を使って売り出したり、医師に講演してもらったりと、いくつかの仕掛けを行ってみたのですが、あまり結果が出ませんでした。当時、水素水の知名度はまだまだ低く、「いかがわしい」「詐欺じゃないか」と考える人が多くいたこともあり、市場をつくるのに時間がかかっていました。

そこで私は、これまでとはまったく異なるアプローチにチャレンジすることにしました。まずは、女性の美と健康についてのコミュニティをつくるべく、とある製薬会社と組んで新たな化粧品を開発し、売り出しました。そしてそのコミュニティのなかで、美と健康を支える商品の一つとして水素水を売り出したのです。この手法はうまくいき、水素水は世間から注目を集めて、ブームへとつながっていきました。

その後、水素水に対する否定的な報道が出たこともあって、ブームは下火となりましたが、近年は世界においてがんの予防や治療に水素水を取り入れるという動きもあり、これから再ブームになるのは間違いないと私は見ています。

そんな水素水をはじめ、ヘルスケア分野においては今後もさまざまな注目の技術や商品が枯れることなく出てくるはずです。なぜならヘルスケアはあらゆる人にとって、いつの時代も変わらぬ願いであるからです。

世界に目を向ければ、２０２０年にユニコーンの称号を受けた企業のうち半数以上は、医療とテクノロジーを組み合わせた商品やサービスを提供するヘルステック企業となっています。このトレンドは今後もしばらく続くと予想され、日本でもヘルスケア業界で未常識を見つけたベンチャー企業が現れるものと期待されます。

第6章

未来を読み、時代を変える ベンチャー企業に今、求められる「未常識」の発想

常に未来を見据え、逆算して今の行動を決める

ＩＴ社会の礎をつくった企業といえば、誰もが「ＧＡＦＡＭ」（Ｇｏｏｇｌｅ、Ａｍａｚｏｎ、旧Ｆａｃｅｂｏｏｋ、Ａｐｐｌｅ、Ｍｉｃｒｏｓｏｆｔ）の名を挙げます。

それぞれのサービスはすでに社会インフラといえるほど、私たちの生活に根付いたものになっています。その影響力は莫大で、２０２０年には5社の時価総額が計５６０兆円となり、日本における東証１部上場企業約２１７０社の合計を上回りました。日本の会社が束になっても勝てないほどの存在となったのです。

現在はＧＡＦＡＭの影響力は以前ほどではなくなっているという指摘があり、ＩＴ企業は群雄割拠の時代を迎えていますが、それでも社会のあり方を変えた5社であるのは間違いなく、その名は歴史に残り続けるはずです。

ではＧＡＦＡＭはなぜ時代を動かすことができたのか。その理由は一つではありませんが、将来のあり方を予見し、そこから逆算して、将来の常識となるような新たなモノやプラットフォームをつくっていったという点が共通していると感じます。

例えばＭｉｃｒｏｓｏｆｔを創業したビル・ゲイツは、社会論文を未来予想図として活

用し、社会学者が予測した未来のあり方に基づいて自身の事業を展開していったといいます。

そうして未来をイメージし、ゴールを設定したうえで、逆算して今やるべきことを割り出すというのが、ベンチャー企業がやるべきことです。

なお、未来をイメージするには社会論文だけではなく、過去の歴史についても知っておくことが肝要です。「歴史は繰り返す」という言葉通り、一度は忘れ去られたものがテクノロジーによって再び返り咲くようなことは頻繁に起きますし、また過去からずっと変わらない本質的な人間の心理を知ることもできます。ですから過去を知れば未来予想もしやすくなるはずです。

常に未来を見据え、そのために今何が必要かを考える習慣が付くと、見える景色が変わってきます。物事の正面だけではなく、後ろや横などさまざまな角度から眺められるようになり、新たな発想が出てくるのです。そうして多面的に物事をとらえるには、日常の何気ない出来事に対しても、なぜだろう、どうしてだろう、という疑問をもつのが大切です。

未常識とはすなわち、いまだ世に出ていないトレンドであり、その種は今、目の前で起きている現象に埋まっているのです。

リスクとは「危険」ではなく、事業の振れ幅である

私はこれまで周囲の人からさんざん、「破天荒だ」「変わり者だ」と言われてきました。日本ではいまだに常識的な発想が好まれ、型にはまったやり方を守りたがる風潮が根強くあると感じます。私はむしろそうした常識の枠を超えたところで事業をつくりたいと思いながら活動していますから、結果として周囲からは奇異に見えるのでしょう。

ベンチャー企業の経営者は、それでいいと思います。人がやらない部分にチャンスを見いださねば、成功はないからです。目先の流行に乗って事業を起こしても、大企業にのみ込まれて終わりです。ベンチャー企業が生き残るには、事業に何か飛びぬけた個性や魅力が必要です。ですから「破天荒」をむしろ誉め言葉としてとらえ、常に斬新なやり方を追求していくなかで、未常識との出会いがあります。

海外に目をやると、米国やヨーロッパでは、人と違うことをポジティブにとらえる価値観があります。「あなたは変わっているね」と言われれば、それは個性的であるという誉

め言葉です。さまざまな民族が一つの旗のもとに暮らす多民族国家においては、モノの考え方や価値観は違って当たり前であり、個性が尊重されます。しかし文化の多様性のない日本では、中庸であることがよしとされ、個性的な人間が悪い意味で目立ってしまいます。そんな社会であるうちは、GAFAMのような企業が生まれることはあり得ません。

また、日本社会の特徴として「出る杭は打たれる」風潮があり、しかも失敗に対し不寛容で、一度でもミスをすれば再チャレンジが難しくなります。ゆえに多くの若者が失敗を恐れるようになってしまいました。結果として、海外と比べ起業する人が圧倒的に少なくなっていると感じます。

海外では、「失敗イコール悪」という感覚がありません。サッカー界を例に取ると、日本でもし監督を解任されたなら、能力がないというレッテルを貼られたと感じて落ち込む人が多いでしょうが、海外では、これで新しい環境で自分の能力が試せる、とポジティブに受け止める人が多数を占めます。発明王と呼ばれたトーマス・エジソンの名言として「私は失敗したことがない。ただ、1万通りのうまくいかない方法を見つけただけだ」というものがありますが、私もまさにその感覚で、そもそも思い通りにいかなかった物事を失敗とはとらえません。

日本においても、失敗を悪いものとして叩く価値観を変えなければ、世界を変えるような飛びぬけた起業家はなかなか出てきません。

また、日本ではリスクという言葉の意味を取り違え、危険なもの、怖いもの、と考えている人が多いようです。しかし本来、リスクとは結果のよしあしの振れ幅を指すものであり、それを小さくする方法も必ず存在します。

事業を起こす際にも、リスクを取らねばリターンは得られませんが、リスクはあらかじめ低減できるものであり、成功の確率を上げることはいくらでもできます。私が無借金経営にこだわり、資本力の低さを発想力で補ってきたのも、まさにリスクを抑えて成功の確率を上げるためにほかなりません。

ただしそれでも、うまくいかないときは必ずあります。現在成功している起業家たちも、最初からすべてが順調だったわけではなく、何度も壁に当たり、その経験からリスクを低減する方法を身につけて、成長してきています。

最初からリスクを恐れてチャレンジしないなら、人生は何も変わりません。リスクを正しく理解し、その振れ幅を小さく抑えるよう行動すれば、リスクはそれほど恐れるべきものではないのです。

市場を生み出し、独占し、ナンバーワンとなる

日本のビジネス環境においては、独占という言葉がまるで悪いことのように使われていると感じますが、私は独占こそベンチャー企業が目指すべき状態だと考えています。まずは市場を独占し、あとから参入してくる会社はすべて市場を広げるための協力者として機能するというのが、理想的なあり方です。

市場を独占するには、まずナンバーワンになるというのが大切です。

高さ828mと、人類史上最も高い建造物である「ブルジュ・ハリファ」があるドバイの戦略に、ナンバーワンの強みがよく表れています。

ドバイがあるアラブ首長国連邦はもともと産油国として知られていましたが、石油がこの先、いつか枯渇するという現実を前に、国としての方向転換を迫られました。そこで目指したのが観光立国であり、ブルジュ・ハリファはその象徴といえます。そうして世界一の高さの建物をつくったことで、一度は上ってみたいという観光客が押し寄せ、砂漠が観光都市に変わり、人々の生活が豊かになりました。もしブルジュ・ハリファが日本のスカイツリーと同じ高さだったら、ドバイを訪れる人の数は大きく減っていたでしょう。世界

一であることには、それくらいのインパクトがあります。

ちなみにドバイでは現在、ブルジュ・ハリファよりさらに高い建物を建設中ですが、その理由は隣国サウジアラビアで、828mを超える高さの建物がつくられているからだそうです。そうしてナンバーワンにこだわる理由は、それが人の心をどれほどつかむかをよく理解しているからにほかなりません。

事業においても、一つの市場を生み出し、そこでナンバーワンになれば、あとは自然に消費者の関心が集まり、市場が広がっていくものです。過去を見ても、市場を独占するのは最初に入り込んだブランドであり、トップメーカーという実績はブランディングに大きく貢献します。結局は消費者の心理が市場をつくり、動かしていくのです。

そして未常識こそ、ベンチャー企業がナンバーワンを取り、独占状態を築くためのキーワードといえます。

なお、未常識を発見するために問われるのが、物事を掘り下げて考える力です。現代ではインターネットの力ですぐに情報が集まりますが、そのぶん一つの物事を掘り下げて本質を読み解く力が欠けつつあると感じます。

例えば私が手掛けるスポーツビジネスにおいて、市場規模や成長率といった情報はすぐに集まるでしょうが、その背景を掘り下げねば、改革することはできません。メディアへの依存度が高く、テレビ放映されなければ資金繰りが苦しかったり、子どもたちがスポーツをする習慣がなくなりつつあったり、投資家やスポンサーの数が減って資金調達の難易度が上がったりしているという課題が分かって初めて、改善のアイデアが出せるわけです。

業界に革新を起こし、未来の常識を変えようとすると、必然的にプロジェクトの規模が大きくなりがちで、果たしてベンチャー企業にそれができるのか、不安に思う経営者もいます。

しかしなにも、すべてを自社でこなす必要はありません。プラットフォームをつくったり、仕組みを考案したりするところは自社で行い、その後の展開や拡大は大企業に任せればいいのです。

鋼鉄王と称され、巨万の富を築いた米国の実業家アンドリュー・カーネギーの墓には、次の言葉が刻まれています。

己より優れた者を周りに集めた者、ここに眠る。

ベンチャー企業の経営者も、そうして周囲の力を積極的に活かし、ゴールに向かっていくといいと思います。

グローバル市場で勝負し、10倍の利益を上げよ

これから先、日本では人口が減り続け、多くの市場は縮小していく可能性が高いとみられます。

そんななかで進むのが、寡占です。経営が苦しくなった中小企業を大企業が吸収し、プレイヤーの数は少なくなっていくはずです。したがって既存の市場にベンチャー企業が参入するのはどんどん難しくなるでしょう。

では、ベンチャー企業の経営者はどうすればいいかというと、未常識を掘り起こし、自ら市場をつくるのが大切ですが、それに加え世界に目を向け、グローバルな市場で勝負するという発想ももってほしいところです。

現在の日本の人口は1億2000万人ですが、米国は3億3000万人、中国やインドに至っては14億人もの人口を抱えています。そうした巨大市場で成功できればそのインパクトはすさまじいというのは想像に難くないはずです。同じビジネスでも、市場規模が大

きいほどその利益は3倍、5倍、10倍と増えていくことになります。ユニコーンを目指すという意味において、事業によっては近道になるはずです。

海外市場で戦うには、まず海外とはどんなものか、文化や価値観を理解する必要があります。そのためには、やはり現地で生活するのが一番です。

現代において、特に先進国についてはインターネットでいくらでも情報が仕入れられます。しかしそれは、文化や価値観を理解するという文脈においては、極めて表層的なものです。

海外旅行も、ただの観光で終わってしまえばあまり意味はありません。海外で生活し、相手の文化や価値観に自分を合わせる経験を積み重ねるなかで、海外とはどういうものかを学んでいき、深く理解した先に、未常識のニーズの発見があるのです。

私は海外で事業を考えているときには、最低でも1週間は同じ土地にとどまり、パートナー候補と何度も会い、酒を酌み交わして、相手の基準や価値観を受け入れていきます。このステップなしにはビジネスを始めることはありません。そうして互いの理解が進むと、トラブルが起きても力を合わせて乗り越えられることが多いです。

国内のみにとどまっていると見えてきませんが、実は日本人というのは世界でもユニークな存在で、その発想や文化が武器になることもよくあります。それにもかかわらず、日本という小さな枠組みにばかりこだわっているのはもったいないと感じます。特に吸収力の高い若き時代にこそ、海外で生活し、世界を肌で感じてほしいのです。

未常識は、机上の空論からは生まれません。実践のなかで自分の目で見定め、それを繰り返してようやくその入り口に立てます。ネット検索やＣｈａｔＧＰＴに頼りすぎることなく、積極的に人に会い、海外に出掛け、自らの可能性の枠を広げていってほしいと思います。

おわりに

現在私は、セミナーや講演会などを通じて、これからの日本を担うベンチャー企業に求められる未常識という発想を、世の中に伝えています。

特に力を入れているのが大学生に対する情報発信で、本年の4月までは大学生に本社を訪れてもらい、講義を行っていました。

そのなかで私が常に意識してきたのが、机上では学べない実践的な考え方やものの見方を身につけてもらうことでした。それとともに、常識の枠にとらわれない発想の大切さや、未常識を見つけるためのノウハウなど、もてる限りの知識を伝えました。

それはもちろん彼ら彼女らのためを思ってのことですが、さらに大きな視野でいえばすべて、将来の日本のために行っていることです。

ベンチャー企業の経営者のなかには、理念や思い、ビジョンなどを特にもたず、ただ有名になりたい、お金を儲けたいというモチベーションで会社を立ち上げた人がいます。

それを否定するつもりはありませんが、私の経験からいえるのは、その状態だと未常識の種は見つからず、ユニコーンとして羽ばたくことはできないだろうということです。

自身を思い返せば、うまくいかない時期もずいぶん経験してきました。それでも持ちこたえられたのは、日本のために役立ちたい、社会をより良く変えたいという強い信念があったからだと思います。

理念や思いがないと、壁に当たったときに逃げだしたり、あきらめたりしがちです。そしてそれでは、世の中を変えるような大きな事業を育てられません。

経営者として追うべきは自分の利益ではなく、他者の幸せです。

事業が広まったら、きっと世の中が今よりよくなるだろう。

この商品は、きっとみんなを幸せにする。

こうした発想で新たに事業をつくることが、成功への近道です。なぜなら会社というのは、世の中の役に立って初めて成功できるからです。

そしてもう一つ大切なのは、自らもわくわくするということです。

自らが手掛けた事業や、考案したプラットフォームで、世界中の人々が笑顔になり、幸せに暮らす――。そう考えると、わくわくするのは私だけではないはずです。

そんなわくわく感こそが、自らが生きる喜びにつながり、前に進むためのエネルギーとなります。

これからの時代には、グローバル市場に打って出る日本のベンチャー企業は増えていくと思います。その経営者は、本書をお読みいただいたあなたである可能性もあります。

本書をきっかけに、未常識をつかんで未来を変えるような起業家が一人でも現れたとしたなら、幸せです。

著者紹介

菱川 博行（ひしかわ ひろゆき）

1964年生まれ、愛知県出身。愛知学院大学を卒業後、証券会社に就職。仕事で渡米後日本とは違う文化に触れ、帰国後の1994年にラティーナを創業。総合コンサルティング会社として、ヒトとヒトやヒトとモノを繋げる事業のサポートサービスを提供しているほか、2007年に一般財団法人　FC HIMAWARI スポーツアカデミーを設立。スポーツに関連した大会開催などのサポートや各種インストラクターの派遣も行っている。

本書についての
ご意見・ご感想はコチラ

「未常識」への挑戦

2023年6月21日　第1刷発行

著　者　　菱川博行
発行人　　久保田貴幸

発行元　株式会社 幻冬舎メディアコンサルティング
〒151-0051　東京都渋谷区千駄ヶ谷4-9-7
電話　03-5411-6440（編集）

発売元　株式会社 幻冬舎
〒151-0051　東京都渋谷区千駄ヶ谷4-9-7
電話　03-5411-6222（営業）

印刷・製本　中央精版印刷株式会社
装　丁　　鳥屋菜々子

検印廃止

ISBN 978-4-344-94499-2 C0034
幻冬舎メディアコンサルティングＨＰ
https://www.gentosha-mc.com/